Determinada, Solteira e Feliz

Michelle
McKinney
Hammond

Determinada, Solteira e Feliz

Ágape

São Paulo, 2017

Determinada, solteira e feliz
Sassy, Single and Satisfied
Copyright © 2003 by Published by Michelle McKinney Hammond
Copyright © 2017 by Editora Ágape Ltda.

COORDENAÇÃO EDITORIAL	**REVISÃO**
Rebeca Lacerda	Patrícia Murari
	Ana Lucia Neiva
TRADUÇÃO	
Eni Rodrigues	**CAPA**
	Dimitry Uziel
PREPARAÇÃO	
Fernanda Guerriero Antunes	**DIAGRAMAÇÃO**
	Larissa Caldin
COORDENADOR EDITORIAL	**EDITORIAL**
Vitor Donofrio	Giovanna Petrólio
AQUISIÇÕES	João Paulo Putini
Renata de Mello do Vale	Nair Ferraz
Solange Monaco	Rebeca Lacerda

Texto de acordo com as normas do Novo Acordo Ortográfico da Língua Portuguesa (1990), em vigor desde 1º de janeiro de 2009.

Dados Internacionais de Catalogação na Publicação (CIP)
(Câmara Brasileira do Livro, SP, Brasil)

Hammond, Michelle McKinney
  Determinada, solteira e feliz / Michelle McKinney Hammond; tradução de Eni Rodrigues. -- Barueri, SP : Ágape, 2017.

  Título original: Sassy, Single and Satisfied

  1. Mulheres solteiras 2. Mulheres cristãs I. Título II. Rodrigues, Eni

17-0041   CDD 248.8432

Índice para catálogo sistemático:
1. Mulheres solteiras – Vida cristã   248.8432

EDITORA ÁGAPE LTDA.
Alameda Araguaia, 2190 – Bloco A – 11º andar – Conjunto 1112
CEP 06455-000 – Alphaville Industrial, Barueri – SP – Brasil
Tel.: (11) 3699-7107 | Fax: (11) 3699-7323
www.editoraagape.com.br | atendimento@agape.com.br

Moça, isto é para você. Para todas as irmãs que questionaram, oraram, choraram no meio da noite e discutiram, por intermináveis horas, com pessoas do seu círculo íntimo sobre como enfrentar a vida de solteira. Sinto muito por você, já estive no seu lugar e estou aqui para lhe dizer que há uma dança que você pode realizar sozinha. Tenha bom ânimo e coragem.

Obrigada, Senhor. Tu tens sido um namorado fiel como nenhum outro, pois És o namorado da minha alma. Não há ninguém como Tu. Não existem palavras para expressar o amor e a alegria que sinto dentro de mim quando tenho um mero pensamento em Ti.

Introdução

Deus tem senso de humor. No dia em que peguei uma cópia da revista *Today's Christian Woman*,* vi minha foto enorme na capa e li "Michelle McKinney Hammond: porque ela é atrevida, solteira e feliz", bom, eu simplesmente gritei. Na verdade, uma gargalhada explodiu do fundo do meu estômago, e eu falei: "Deus, Você é tão engraçado!". Essa era nossa piada interna. Nós dois sabíamos que houve um dia, uma época, em que eu era feliz. Ah, sim! Solteira? Com certeza. Mas satisfeita? Absolutamente não!

Eu vivia em um lugar chamado Fundo do Poço. Até que certo dia, sentada em minha cama, refletindo sobre meu azar de ser solteira, fiquei tão irritada que sacudi meu punho fraco para Deus e proclamei em voz alta: "Senhor, estou tão farta, e tão cansada de estar farta e cansada, que irei Te propor um desafio. Não quero que o Senhor me dê um companheiro até que me proves que serei feliz tendo apenas a Ti! Neste momento, eu não acredito nisso e quero que proves para mim. Tu não estás me convencendo, Jesus. Preciso que me mostres algo ou eu simplesmente desistirei de toda essa história de ser salva e voltarei para a vida que tinha antes de conhecer-Te, pois, francamente, não vejo nenhuma mudança. A única diferença entre antes e agora é que estou vivendo como uma santa e sozinha. Pelo menos,

....
* Mulher cristã de hoje (tradução livre).

antes, eu tinha um homem, independentemente de suas intenções serem boas ou não!".

Puxa, por que eu fui dizer aquilo?

"Tudo bem", Deus calmamente respondeu e começou a me conduzir em uma incrível jornada. Uma viagem em Seu coração... E, uau!, eu saí do outro lado completamente extasiada. Completamente determinada, solteira e feliz.

Muitos me perguntaram: "Michelle, como é que você pode ser tão feliz? Você não quer se casar?". É claro que quero! "Você não quer ser amada, tocada, agarrada e, bom... fazer aquilo?". Ah, nem comece! Quero isso e muito mais! Mas essa não é minha atual situação e eu não posso ficar esperando alguém para aproveitar a vida ao máximo. Isso seria como dizer que preciso de um homem para poder comer, me vestir ou ter uma vida confortável, e isso *definitivamente* não vai acontecer. Se esse fosse o caso, eu estaria definhando ou provavelmente morta! Não, moças, todas nós decidimos nos cuidar da melhor maneira possível. A diferença é que algumas de nós estão realmente *vivendo*, e outras apenas existindo, esperando para finalmente respirar. Como vocês conseguem segurar a respiração por tanto tempo? Vamos lá, soltem-se. Esperar pela "outra metade" ou "alma gêmea" para completar sua vida e então se encher de satisfação não é a resposta para viver plenamente.

Se você está à espera de um homem para abalar o seu mundo e agitar o ritmo da sua dança, esqueça, não vai dar. Mesmo que esse cara apareça. E por quê? Você irá descobrir que aquilo que você tanto procura não trará a felicidade que está esperando.

Qual é o segredo para ficar em um estado de plenitude, alegria, realização e pura felicidade? Como aprender a amar a vida que você leva? Fique comigo por um tempo, e dividirei meus pensamentos e as descobertas que me fizeram chegar lá. Confie em mim, já passei por isso. Cansei de me perguntar quando seria realmente feliz e aprendi muito com essa situação. Espero que o que tenho para compartilhar leve você de volta ao caminho certo. Então, aperte o cinto e prepare-se para essa viagem. Nós iremos a alguns lugares cuja paisagem não lhe agradará, mas fique tranquila, isso será apenas para chegar ao destino certo. Você vai conseguir. Eu sei, pois já vi essas paisagens, tirei algumas fotos – apenas para ter mais de uma perspectiva – e cheguei ao outro lado. E sugiro que você faça o mesmo... E então? O que está esperando? Corre, garota, estou aguardando você!

◦ Era uma vez ◦

Era uma vez uma mulher chamada Solteirona. Sua busca desesperada pelo amor a levou aos lugares mais indesejados, desde o Rio de Lágrimas até o Vale da Humilhação e por todo o Terreno da Depressão ao Campo da Vergonha. Ela se distraía tanto com as árvores dos próprios desejos que acabou se perdendo cada vez mais, até não conseguir encontrar a Floresta da Felicidade que a aguardava. De vez em quando, ia até um lugar chamado Culpa, onde se esforçava para encontrar a fonte de seus erros insensatos e muitas vezes acreditava estar andando em círculos, como se já tivesse visitado aquele local antes. Então, uma voz suave a chamava: "Continue buscando seus sonhos. Eles estão próximos".

Ela prosseguiu com sua busca, às vezes acreditando que havia encontrado um oásis, que não passava de uma miragem. Perdida no deserto de suas paixões, não tinha escolha a não ser continuar a caminhar até encontrar algum refresco para sua alma seca. Seguia cada vez mais adiante, correndo, andando, e até lutando para dar o próximo passo. Por fim, chegou ao seu destino. Totalmente esgotada, finalmente olhou para cima e a ajuda surgiu das montanhas. Forte e gentil, tirando-a do abismo da própria solidão, cercando-a de um conforto nunca sentido antes. Ela viu que voltara ao lugar onde havia começado sua busca... Onde estava Aquele que sempre a amou.

– Onde você estava? – indagou Ele, já sabendo a resposta.
– Procurando o amor – respondeu ela.

– Eu estou aqui – disse o estranho.

– Você me lembra alguém – ela comentou, procurando a lembrança do dia e da época em que eles se encontraram pela primeira vez.

– Eu a conheço e sempre a amei. – Ele sorriu, causando uma mistura de sentimentos doces dentro dela. – Qual é o seu nome? – perguntou suavemente.

– Meu nome é... meu nome é...

À medida que era arrebatada por Ele, sua voz e memória começaram a falhar. Seus desejos passados foram substituídos pelo amor avassalador Dele. A memória de estar com Ele, antes da distração de outros amores e promessas vazias, retornara. Observando seu reflexo nos olhos Dele, ela deu uma resposta que era música para os próprios ouvidos:

– Meu nome é Amada – ela falou.

Com as descobertas
chegue ao entendimento
e ele a libertará
para que possa abraçar a verdade.
E a verdade
permitirá
que você se jogue
nos braços
da felicidade,
E de uma vida vitoriosa...

REFLEXÕES SOBRE A VIDA...

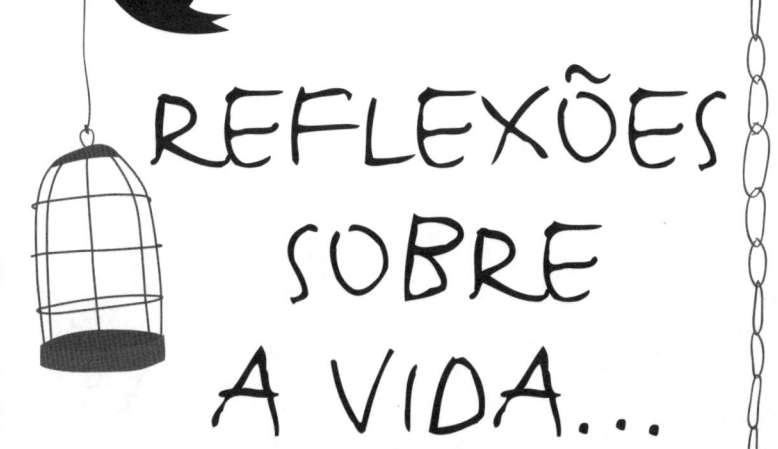

Determinada

adj. femin.
pron. indef. fem. sing.
part. pass. de determinar.

1: Atrevida.
2: Vigorosa, animada.
3: Distintamente inteligente e elegante.

∘ Comece pela rendição ∘

> "O conselho da sabedoria é: procure obter sabedoria; use tudo o que você possui para adquirir entendimento." (Pv 4:7)

O que você aprendeu até hoje sobre vida, amor e homens? E sobre você mesma? Vamos analisar. Hummm, tristes histórias de amor do cara que a deixou, flertes que não deram em nada e intermináveis dias se questionando por que ainda está solteira. Experiências que lhe tornaram madura, e até mais velha. Uma lista longa de questões para você ter uma conversa cara a cara com Deus. E veja o que temos aqui, uma joia preciosa esquecida dentro de sua caixa de tesouros: a rendição.

É isso aí. Renda-se à soberania de Deus. Acreditando ou não, Ele sempre estará no controle. Ele descreveu todos os dias da sua vida em Seu livro e, de acordo com Seus cálculos, você não chegará ao seu destino nem um minuto antes ou depois do programado. Tente se adiantar nessa viagem e encontrará um contratempo que a fará se atrasar por um bom tempo. Tente se atrasar e acabará pegando um voo sem escalas. Acredite em mim. Deus lhe mostrará o melhor caminho. Renda-se à vontade Dele e aproveite bem a viagem.

Entender o coração Dele e Suas maravilhosas intenções para sua vida é muito importante. A sua fé facilitará suas escolhas. Ou você irá relaxar seguindo os planos feitos por Ele ou tomará decisões dolorosas acreditando que não tem escolha. Nesse caso, *mais vale um pássaro na mão do que dois voando*. Esqueça aquela mentira de que a razão está acima da vocação. Entenda que, na matemática de Deus, você tem múltiplas escolhas para responder a uma questão, mas o desejo Dele é que você estude bastante para marcar a resposta certa.

O que mais você precisa saber? Ele a ama, escuta, quer sua felicidade e plenitude. Ele tem um plano e está trabalhando nele. Então, espere no Senhor e seja forte. Ele fortalecerá seu coração até que você receba tudo aquilo que sempre desejou. Nesse tempo, entenda que isso não é apenas sobre seus sentimentos – vai muito além. Trata-se de Seu plano divino para sua vida. E, *amiga*, será fabuloso! Espere e verá.

° O pão de cada dia °

"Jesus respondeu: 'Está escrito: Nem só de pão viverá o homem, mas de toda palavra que procede da boca de Deus'." (Mt 4:4)

Você deve estar pensando: *O que isso tem a ver com a minha felicidade?* Então, começaremos por aqui. O que é o pão? Nesses versos, Jesus está falando sobre o pão material, aquele que nos alimenta. Vamos mais além, o pão é tudo que *pensamos* que nos dará sustento. Comida, amor, conquistas, dinheiro, bens materiais, tudo aquilo que nos faz sentir melhor... Diga-me. O que é que te satisfaz? O que coloca um sorriso em seu rosto? O que é que te faz dizer: "Ei, estou me sentindo muito bem agora!"?

Destrua essa lista, ela nunca terá fim. Nós já vimos isso, pessoas que têm tudo, mas que continuam infelizes. Há dias em que elas ficam se perguntando: "É só isso que a vida tem para me dar?". Parece difícil de imaginar, mas pegue essas pessoas em um dia ruim e você verá em seus olhos reflexos de desejos secretos e objetivos não cumpridos. E por quê? Depois de tudo que falamos e fazemos, a única coisa que realmente nos sustentará é nossa relação e confiança nas promessas de Deus. Por meio do bom, do ruim e do desagradável, a Sua Palavra é a fundação para nossa paz e realização.

Eu aprendi a personalizar a Palavra de Deus, para que ela me trouxesse o conforto e as instruções necessárias. Assim, para chegar aonde quero levá-la, dividirei com você um pouco do que Ele me ensinou. Para os religiosos, eu não estou acrescentando anotações ou um título à Palavra; eu a estou apenas simplificando, para que ela possa ser usada. Deus não designou Sua Palavra somente para o plano espiritual, mas também para ser usada em nossa existência terrena. Afinal, Ele sabe como funcionamos e que somos apenas "poeira do deserto". Ele quer ser real conosco, sabe? Então, vamos aos detalhes de como sermos felizes, ok?

∘ Tesouros escondidos ∘

"Aqueles que acreditam em ídolos inúteis desprezam a misericórdia." (Jn 2:8)

Jonas teve bastante tempo para organizar seus pensamentos enquanto ficou preso na barriga da baleia. Eu, por minha vez, fui consumida pelos meus desejos, a ponto de esquecer o quanto era abençoada. Por ainda não ter o que queria, eu passava a ignorar aquilo que deveria me trazer alegria. Aqueles eram ídolos inúteis, apenas promessas de felicidade. Isso lhe parece familiar?

Humm... O que são ídolos inúteis? São aqueles que acreditamos que nos farão felizes ou que serão a resposta para uma vida feliz. Você se lembra de alguma roupa ou joia que simplesmente *precisava* ter? Juntou muitos trocados e finalmente chegou o dia de comprar o tão desejado item. Você o aproveitou muito, exibiu para seus amigos, usou com orgulho, até que um dia viu outra coisa. A partir daí, guardou sua amada aquisição no fundo do baú e iniciou sua busca pelo novo objeto de desejo. Você pode até se lembrar dele ao reencontrá-lo fazendo uma faxina em suas coisas. Já aconteceu comigo, confesso. Essa paixão acaba muito rápido... Mas por quê? Por que não ficamos sempre satisfeitos? Porque a maioria das coisas que tanto desejamos é temporária... no final, não valem nada. Deus nos mostra que tudo na vida é temporário exceto Seu incrível amor por nós. Amor que jamais perde o brilho.

Por que aquela sensação prazerosa escapa de nossas mãos depois de conseguirmos o que tanto queríamos? Porque não passam de alegrias e realizações momentâneas. A graça concedida é esquecida, pois estamos muito concentrados naquilo que não podemos ter. Nós ignoramos amizades cheias de belas promessas, oportunidades na carreira, possíveis viagens, novas experiências e até pessoas especiais que querem ser amadas tanto quanto nós... Consegue imaginar o cenário?

Muitas vezes, deixamos para amanhã o que poderia ser feito hoje. Os tesouros de hoje são enterrados pelo nosso desejo do que o amanhã trará. Típico do inimigo das nossas almas, fazendo que nos preocupemos com o amanhã esquecendo o agora. Concluindo: o presente é agora, ele vem cheio de pequenos prazeres e dramas. Deixe o amanhã em paz, ele chegará logo. Aproveite agora o que está disponível e possível para você. Viva o momento e tenha memórias incríveis. Afinal, tudo que você terá amanhã é a lembrança do ontem. Ou você viverá de arrependimentos ou de alegrias. A escolha é sua.

◦ O fruto proibido ◦

"Ora, a serpente era o mais astuto de todos os animais selvagens que o Senhor Deus tinha feito. E ela perguntou à mulher: 'Foi isto mesmo que Deus disse: 'Não comam de nenhum fruto das árvores do jardim?'" (Gn 3:1)

Por que pensamos que só por não sermos casadas não estamos aproveitando o melhor da vida? Existe uma doença, propagada no cristianismo, chamada "aquela-árvore-não--pode-ser-sua". Ela acontece quando focamos na única árvore da floresta que não pode ser nossa, a ponto de não sermos capazes de ver as tantas outras. Então, congelamos todas as áreas de nossa vida por aquela árvore inalcançável. A serpente desliza até nós e faz uma pergunta capciosa: "Quer dizer que Deus está te proibindo de aproveitar a vida? Quanta maldade!". Não caia nessa! Deus quer que você aproveite sua vida. Mas você não o fará se passar o tempo todo obcecada por essa única árvore.

Olhe ao seu redor, veja quantas possibilidades estão por aí. Toque, prove, saboreie e desfrute. O gosto pode ser diferente amanhã. Pare de se concentrar naquilo que você não possui e tenha o bom senso de ver o que está à sua disposição. Observe pela perspectiva certa e dê mais uma olhada. O que você vê? Amigos incríveis, bons programas, novas experiências e aprendizados... Há uma vasta planície de árvores, das quais você pode provar do fruto assim que levantar, sacudir a poeira, olhar para a frente e parar de focar apenas na sua situação atual. Aventure-se! Atreva-se a aproveitar o que está lá para você. Jogue seus desejos ao vento e permita que eles voem até o altar de Deus. Talvez Ele queira que você prove outros sabores antes de lhe servir uma refeição mais previsível.

Deus está realmente dizendo a você para não aproveitar a vida ao máximo? Acho que não!

○ Jogos mentais ○

"Onde, durante quarenta dias, foi tentado [Jesus] pelo Diabo. Não comeu nada durante esses dias e, ao fim deles, teve fome. O Diabo lhe disse: 'Se és o Filho de Deus, manda esta pedra transformar-se em pão'." (Lc 4:2,3)

Quando estamos miseráveis, somos presas fáceis para o diabo. Quando estamos carentes, ele começa a questionar nossa identidade e nos desafia a buscar alguém por conta própria. Assim, ele começa a assediar nossas mentes... "Se Deus realmente te ama, Ele não te daria o que você tanto deseja? Você já esperou demais, por que não vai atrás do que quer? Esqueça aquela famosa frase de que boas garotas vão para o céu, lembre-se de que as más vão para onde quiserem. Você tem que fazer as coisas acontecerem. A fé sem ação é morta. O que você está esperando?". Blá-blá-blá... E continua soltando frases que sabemos de cor e salteado.

Se não estivermos centradas, essas conversas perigosas podem ser um convite certo para futuras dores de cabeça. Não deixe que sua carência a distraia e faça jogos mentais com a sua alma. Jesus sabia – e você deve saber também – que Deus é um Pai amoroso e só quer o melhor para você. Todas as bênçãos virão de Suas mãos. Você nunca saberá o que a espera se tentar conseguir algo por conta própria. Quando saímos de cena, reforçamos a proteção de Deus em nossa vida e nosso coração. Portanto, fique firme e saiba que Ele é Deus. Provavelmente não entendemos o que Ele está fazendo, por que o faz ou por que demora tanto, mas, ainda assim, Ele é soberano e sabe bem o que fazer. Apegue-se à sua fé, e não ceda ao medo de sua carência não ser suprida. Essa escassez é temporária, a fartura virá no tempo certo de Deus, mas apenas quando você estiver fortalecida e preparada. Assim como Jesus foi preparado para viver no deserto, você está sendo treinada para receber suas bênçãos. Esse tempo de treinamento é o que irá qualificá-la não só para valorizar, mas também para receber suas graças. Aguente firme, minha irmã. Quando você passar a aceitar a vontade de Deus, essas graças logo virão.

◦ Sintonia perfeita ◦

"Quando Raquel viu que não dava filhos a Jacó, teve inveja de sua irmã. Por isso disse a Jacó: 'Dê-me filhos ou morrerei!'. Jacó ficou irritado e disse: 'Por acaso estou no lugar de Deus, que a impediu de ter filhos?'" (Gn 30:1,2)

Enquanto estavam a certa distância de Efrata, Raquel começou a dar à luz com grande dificuldade. E, enquanto sofria muito, durante o trabalho de parto, a parteira lhe disse: "Não tenha medo, pois você ainda terá outro menino". Já a ponto de sair-lhe a vida, quando estava morrendo, deu ao filho o nome de Benoni. Mas o pai deu-lhe o nome de Benjamim. Então, Raquel morreu e foi sepultada junto do caminho de Efrata, que é Belém (Gn 35:16-19).

Hummm, este é o momento para uma pausa. Jacó fez uma boa pergunta. Um companheiro ou filho ocupam o lugar de Deus em seu coração? Talvez essa possa ser a causa de tanta espera. Deus é um namorado ciumento que não dividirá Seu lugar em nosso coração com nada nem ninguém. É chegado o momento de reorganizar certas prioridades em seu coração.

A segunda reflexão a ser levada em consideração quando Raquel finalmente recebe o que tanto pediu é: talvez Deus saiba que aquilo que você tanto quer é justamente o que irá te destruir. Destruir sua felicidade e a possibilidade de uma vida incrível. Repito, confie Nele em todas as épocas de sua vida, e abrace-as com alegria, na total confiança de que Deus sabe o que é melhor para você hoje, amanhã e sempre...

○ O tamanho certo ○

"Busquem, pois, em primeiro lugar o Reino de Deus e a Sua justiça, e todas essas coisas serão acrescentadas a vocês." (Mt 6:33)

Quantas vezes lemos as escrituras sagradas e ficamos chateadas? "Busquem, pois, em primeiro lugar o Reino de Deus [...]". Escutamos tanto que parece trivial, mas não passa da mais pura verdade. Nosso foco e prioridades estão totalmente errados. É como se comprássemos um acessório antes de escolher a roupa que será usada. Será que eles irão combinar ou se complementar? Como você sabe se a pessoa que você quer se encaixará nos planos de Deus, se você não os conhece?

Muitas vezes forçamos a barra para não lidar com o real problema. É como provar aquele jeans maravilhoso e apertado que você ainda guarda no armário, na esperança de que um dia irá servir. Você faz de tudo, prende a respiração, deita na cama, mas sem sucesso. E que tal realmente mudar? Fazer uma dieta? Perder um pouco de peso ou fazer ginástica? A raiz da questão é que quando estamos prontas, e se for de acordo com a vontade de Deus, aquilo que desejamos será realidade e se encaixará perfeitamente em nossa vida. Uma mulher em paz com Deus, feliz com a vida que leva, cheia de amor e livre de desesperos atrairá um homem maravilhoso. Só depende dela. Está na hora de listar nossas prioridades. O que realmente importa na vida de solteira?

O foco é realmente conseguir um homem? Ou ser uma mulher de verdade? Isso nos leva a outra reflexão. Por que razão estamos aqui? É só para casarmos e nos transformarmos em uma continuação de outra pessoa ou para sermos algo maior? Calma, só estou perguntando!

Vamos por partes, moças. Os propósitos de Deus para você não dependerão de outra pessoa. Você foi escolhida para construir uma vida boa e completa em Cristo. Só assim conhecerá as ricas bênçãos de Deus na sua vida – independentemente de quais sejam.

Viva mais,
Sorria mais,
Sinta o vento,
Toque o céu,
Sonhe alto,
Sinta o aroma de uma flor,
E lembre-se
De que a vida é muito mais incrível
do que você imagina.

○ Puro prazer ○

"Tu, Senhor e Deus nosso, És digno de receber a glória, a honra e o poder, porque criaste todas as coisas, e por Tua vontade elas existem e foram criadas." (Ap 4:11)

Eu sei o que você está pensando. *Mas, o que eu ganho? Deus ficará satisfeito, mas e eu?* Qualquer mulher esperta sabe que se tratar um bom homem, não qualquer um, mas um bom homem, como um rei, ele a tratará como uma rainha. É a lei da reciprocidade. Com Deus não será diferente. Temos que parar de agir como se fôssemos uma máquina de refrigerantes, acreditando que, se sempre apertarmos o botão de orações e hábitos religiosos, Deus nos dará uma chuva de bebidas. Não, não... *não* vai acontecer e, sim, eu digo *não* com bastante ênfase.

De volta ao básico, garotas. Deus criou o homem e a mulher, pois precisava de companhia. Ele buscava a amizade e queria alguém para adorá-Lo e admirar sua Criação. Em troca, Adão e Eva receberam todas as regalias para levar uma vida maravilhosa. Um lugar incrível para morar, boa comida e um ao outro. Nada de contas para pagar, nada de drama, nem mesmo dias chuvosos. Tudo que eles precisavam fazer era amar a Deus, ficar de olho no jardim do Éden e apreciar Suas visitas. Parece excelente para mim.

Mas Adão e Eva eram capazes de dar valor a algo tão maravilhoso? Nãããão! Eles tinham que estragar tudo se concentrando naquilo que eles não precisavam e se esquecendo de Deus. Às vezes, fico me perguntado: o que Eva realmente queria saber? De qualquer forma, nada seria melhor do que aquilo que Deus já estava dizendo a eles, mas aquela cobra dissimulada os convenceu de que o Senhor estava querendo limitá-los.

Você consegue ver a semelhança? Você sente que Deus está te limitando por não te conceder um parceiro? Pare. Não aceite qualquer coisa, isso será como olhar por um vidro embaçado. Conheça a pessoa certa na hora errada e se prepare para viver um pesadelo. Lembre-se: Deus só lhe presenteará com graças perfeitas e incríveis, e não um bolo mal assado que lhe dará dor de barriga.

Na *Young's Literal Translation of the Bible*,* quando confrontada por Deus, Eva confessou que a serpente havia jogado um encanto para que ela esquecesse! Esquecesse o quê? De que ela era incrivelmente feliz até que a serpente apareceu e a convenceu do contrário? De que Deus já havia lhe dado tudo que seu coração desejava e que conhecia melhor do que ninguém as suas necessidades? Ou ela se esqueceu de quem era e por que foi criada? Ai! Acho que ouvi algumas fichas caindo por aí.

Ao contrário do que a serpente sugere, Deus não é egoísta. Ele tem todo o direito de esperar pelo que quiser, após tudo que fez por nós. Além disso, cabe a nós mantermos nosso coração no lugar certo, para proteção própria. Você ainda está se perguntando o que irá ganhar nesse trato de satisfazer a Deus em primeiro lugar? Você receberá muita satisfação em troca. Quando procuramos satisfazer a nós mesmos, tudo o que recebemos é frustração. Quanto mais recebemos, mais insatisfeitos ficamos por descobrir que o que queríamos só nos traz um grande vazio. Fomos criados para adorá-Lo, não apenas cantando na igreja aos domingos, mas, sim, vinte e quatro horas por dia, durante os sete dias da semana, em tudo aquilo que dizemos e fazemos. Quando Deus observar que você está totalmente voltada para Ele – de coração, alma, mente e dedicação –, confiará que você não irá venerar as graças que ele concedeu, pois os realmente gratos sabem que não é o presente que importa, mas quem os presenteou.

E aí? Você está chegando lá? Ou ainda está naquela parte do musical em que a protagonista não para de cantar: "Eu, eu, eu"? Corre, adianta um pouco essa música

---

* Versão literal da Bíblia para jovens (tradução livre). (N.T.)

chata e chega logo na parte boa do filme. O segredo para ser uma boa adoradora e para receber o amor que você tanto quer é ser altruísta. Uma boa namorada certifica-se de que seu amado está satisfeito em primeiro lugar, pois ela sabe que dar satisfação a deixará satisfeita. Por enquanto, lembre-se de que o foco não é você, mas Ele. Quando organizar suas prioridades, o contentamento será todo Dele, para que Ele possa lhe dar. Você consegue dizer "por favorzinho"?

○ Aproveite seus presentes ○

"Deus os abençoou, e lhes disse: 'Sejam férteis e multipliquem-se! Encham e subjuguem a terra! Dominem sobre os peixes do mar, sobre as aves do céu e sobre todos os animais que se movem pela terra'." (Gn 1:28)

Eu já falei e vou repetir. Ao contrário da crença popular, o vazio em nosso coração não é pela falta de uma pessoa. Um bom exemplo disso são aqueles casais de longa data que em uma bela manhã acordam ao lado do parceiro, ou parceira, e pensam: *Essa pessoa não está me fazendo feliz.* Se casamento for considerado a chave da felicidade, essa revelação pode ser um tanto decepcionante. No fundo do coração, depois do famoso "sim", uma voz interna dispara dizendo para eles não apostarem todas as fichas apenas naquilo, pois existem outras coisas na vida além do casamento. Essas "outras coisas" começam a receber cada vez mais atenção, e quanto mais o casal tenta ignorar aquela voz, mais ela sussurra: "A vida não pode ser só isso, afinal essa pessoa o deveria fazer feliz". Na realidade, porém, ter um companheiro sem nenhum propósito lhe trará uma vida vazia.

Esse vazio que fica martelando em nossa cabeça nada mais é que um grande abismo esperando para ser preenchido com nosso propósito, nossa vocação, e é a razão pela qual fomos criados. Antes de Adão receber sua companheira, Deus deu a ele um propósito. Ele disse: "Vá adiante, conquiste e domine seu mundo. Não deixe a vida te enrolar, estou te dando autoridade para que você se acalme e a controle". Após Adão se programar para realizar seus objetivos, Deus decidiu que ele precisava de ajuda. Então, você realmente acha que Deus não sabe das suas necessidades? Talvez Ele saiba lidar com elas melhor do que você. Se não está ocupada realizando as tarefas para as quais foi designada, qual a necessidade de um parceiro? Você não precisa de ajuda para ficar se lamentando, você pode fazer isso muito bem sozinha.

Então, como saber que é hora de Deus colocar um relacionamento em nossa vida? Basta preencher o principal requisito – em primeiro lugar, adorá-Lo; depois, colher os bons frutos disso em todas as áreas da vida. Devemos usar nossas graças para abençoar ao próximo, nos dedicarmos ao trabalho, tocarmos a vida de outras pessoas que nos cercam e espalharmos boas ações para que todos glorifiquem nosso Pai.

"Mas, Michelle, eu não sei qual é minha missão." Sua missão é usar as suas bênçãos recebidas para ajudar os outros. "Mas eu não sei que bênçãos são essas!" Calma, eu vou te ajudar. Suas bênçãos são habilidades ou dons que todos gostariam de ter, mas para as quais você nem dá muita atenção, pois as possui naturalmente. Por exemplo, ser criativa, detalhista, boa com crianças, boa com números, ser receptiva, dar bons conselhos... o que for, Deus quer que você faça uso desses talentos para abençoar todos à sua volta e, enquanto isso, prosperar não apenas materialmente, mas emocional e espiritualmente também. Você se sentirá realizada por saber que leva uma vida que não só alegra a Deus, mas aos outros e a si própria. Não tem alegria maior do que deitar a cabeça no travesseiro, antes de dormir, sabendo que você ajudou alguém e acrescentou algo à sua vida. Caso esteja sendo paga para isso, melhor ainda!

Eu acredito que algumas pessoas sejam infelizes em seus empregos por não terem exercitado sua verdadeira vocação. Não tiveram a oportunidade de descobrir como destacar essa vocação e acabaram aceitando um emprego qualquer e aprendendo alguma "habilidade prática". Ora, pode até ser prática, mas é natural? Isso seria como pedir a um peixe para respirar fora da água. No seu habitat natural, ele cresce e sai por aí, mas na terra ele mal consegue suspirar.

Muitos de nós estão com sede de viver, achando que ela será saciada quando outra pessoa aparecer. Isso não é verdade. Para realmente viver, viva com um propósito.

> Eu bebo da vida
> e sinto seu sabor doce e misterioso.
> Às vezes queimando em minha língua
> me trazendo arrepios de prazer
> e borbulhando dentro de mim.
> Uma infinidade de sabores.
> Todos misturados.
> Toques de alegria, tristeza.

Paz, crise.
Dúvida, fé.
Renúncia e esperança.
Isso me alimenta, me refresca,
me ressuscita
E me impulsiona a tentar de novo
a tomar outro gole
amanhã...

∘ A vida no Jardim do Éden ∘

"Então o Senhor Deus fez nascer do solo todo tipo de árvores agradáveis aos olhos e boas para alimento. E no meio do jardim estavam a árvore da vida e a árvore do conhecimento do bem e do mal." (Gn 2:9)

Quando passamos a conhecer o Senhor, entramos em seu Jardim, e isso implica que estamos saindo do mundo e entrando no Reino de Deus. A palavra Éden significa "prazer" ou "deleite". O Reino de Deus deveria nos dar prazer. Temos muita disposição quando entramos nessa nova dimensão de nossa vida. As árvores produzem qualquer fruto que desejarmos e tudo de melhor que você quiser estará ao alcance de suas mãos. Que escolha você fará? Você perderá tempo tentando ganhar conhecimento, que só lhe trará frustração, ou desfrutará dos melhores frutos do Jardim?

Que frutos devemos escolher? Aqueles que estão nas melhores árvores. Não pare sua vida esperando por alguém. Chegou o momento de experimentar. Inscreva-se naquele curso, faça aquela viagem, invista seu dinheiro, tente algo novo, dê gargalhadas ou pinte uma parede de vermelho, vá fundo! É você quem vai fazer sua vida acontecer. Torne-a interessante, mude de rotina, agite um pouco as coisas, vá ao teatro, confira aquela exposição de arte, faça aulas de culinária. (Ops! Não estou dizendo que você seja uma má cozinheira; é sua vez de escolher.) O que estou dizendo é: passamos a maior parte do tempo entediadas, pois *somos* entediantes. A maioria de nós só faz o básico, vai ao trabalho, à igreja, e volta para casa. Isso não é viver, mas sobreviver. Não há nada excitante ou envolvente em viver uma vida totalmente previsível – está na hora de quebrar seus padrões.

Use sua imaginação e faça algo totalmente novo. Deus quer que você experimente a vida e saboreie todas as delícias que Ele criou para nós. Aventure-se, admire a Sua criação, observe algo novo. Você se sentirá incrivelmente viva quando abandonar a zona de conforto e partir para uma nova peripécia. Lembre-se: se você não fez algo diferente antes foi porque não *quis*, e não porque não *podia*. Faça novas escolhas, saia da rotina. Não espere por ninguém. Viva! Seja uma pioneira, vá lá fora e se esbalde!

◦ Hora da pausa ◦

Tenho algo para te perguntar...
Há alguma coisa que você adoraria fazer, mas nunca fez?
O que está te impedindo?
O que é necessário para fazer?
Você pode dar algum passo, neste momento, para começar a fazer o que quer?

Você tem alguém que te limita?
Primeiro, vá a um encontro com você mesma.
E aqueles talentos, amiga?
Você gosta do que faz para ganhar dinheiro?
O que você realmente gostaria de fazer,
se não precisasse de um salário?
Quais passos você pode dar para isso acontecer?
Qual seria o plano para você mudar de carreira
e aproveitar seus talentos?
Há algo que você possa fazer por um período até juntar
dinheiro suficiente para chutar o balde?
Trace um plano e dedique-se a ele.
Defina uma data para começar.

○ Felicidade em dobro ○

"Mas a Ana dava uma porção dupla, porque a amava, apesar de o Senhor tê-la deixado estéril." (1Sm 1:5)

A história conta que Ana era casada com um homem chamado Elcana, que também tinha outra esposa chamada Penina. Penina tinha filhos, Ana não. Penina se aproveitava dessa situação para provocar Ana. A pobre Ana ficou tão irritada que acabou entrando em depressão e parou de comer. Essa história lhe parece familiar? Mesmo assim, seu marido, ainda apaixonado, dobrava sua porção de comida. Vamos personalizar a Escritura. "O Senhor lhe deu uma porção especial, pois Ele a ama, ainda que não tenha lhe dado o que você tanto quer". Outras interpretações mencionam uma dupla porção, talvez até mais. O que eu sei é que, assim como Ana, podemos ou nos preocupar com o que não temos ou valorizar o que nos foi dado.

Satanás quer destruir sua aceitação para que você pare de adorar a Deus. Ele deseja que você se concentre naquilo que *não* tem, desvalorizando o que lhe foi *dado*. Atente-se a essa grande verdade, dance, grite e louve ao nosso Salvador. Deus lhe deu o dobro de bênçãos! Veja por essa perspectiva: você tem o dobro de tempo para fazer o que quiser, o dobro de dinheiro para gastar e o dobro de espaço para se esticar em sua casa. Nesse momento, você tem o dobro de recursos para explorar seu propósito de viver. Aproveite enquanto pode.

Não fique olhando o prato à sua frente. Coma! Experimente as coisas boas que a vida oferece. Chega de parar de viver esperando por alguém para completá-la. Saboreie cada dia como se fosse o último e coma até a última migalha. Lembre-se, o amanhã é uma incógnita. Como você pode aproveitar o dia de hoje? Faça-o! Faça-o com gosto. Quando Ana voltou a se concentrar em Deus e em Suas prioridades, ela dirigiu os desejos de seu coração a Ele, sacrificando assim suas vontades e recebendo uma preciosa promessa Dele por meio de Eli. Ela reviveu a aceitação. Ela comeu, admirou e tornou-se fértil. No entanto, quando ela recebeu o que queria, foi rápida e logo devolveu as graças a Deus, concentrando-se Nele, e não no presente que lhe fora dado. Por isso, Deus a honrou de uma maneira incrível: em lugar de um, ela teve cinco filhos!

O que você está comendo? Você está digerindo as promessas de Deus? Você está consumindo tudo que a vida oferece? Se não, dê uma olhada nessa sua dieta, garota! Mude sua alimentação e comece a louvar!

◦ Design original ◦

"E Deus perguntou: 'Quem lhe disse que você estava nu? Você comeu do fruto da árvore da qual lhe proibi comer?'" (Gn 3:11)

Você pode acabar comendo coisas erradas se não for cuidadosa e aceitará pequenas mentiras sobre você: está muito gorda, muito magra; é muito baixa, alta demais; muito quieta, barulhenta; sem talento; detestável, indesejada; não merece coisas boas; está destinada a ser infeliz para sempre. A lista é infinita, você mesma pode continuá-la.

Sim, lá está você preocupada com seus assuntos, vivendo sua vida, e o diabo se aproxima enumerando tudo aquilo que não tem. Ele a insultará dizendo mentiras preconcebidas e repetirá que Deus está te privando. Uma vez que você dá atenção a uma mentira, todas as outras passam a fazer sentido, e, quando perceber, já passou por cima de Deus, agarrando-se ao mundo e a tudo aquilo que deseja. Que grande erro. Quando Deus te encontrar escondida atrás do arbusto da própria vergonha, tudo que você dirá é: "Eu O escutei chegando e me escondi para que o Senhor não visse minha nudez, minha bagunça. Eu estou tão envergonhada, Deus". Então, vem a pergunta: "Mas quem disse que você está nua? Quem falou que você é indesejável? Ou destinada a uma vida infeliz? Incompleta? Pela metade? Eu nunca lhe disse isso. Por que você acreditaria em tamanha mentira?".

Por quê? Deus a chama de "Amada", "Casada", "Escolhida para um propósito maior", mesmo você acreditando nisso ou não, para Ele esse assunto já está esclarecido.

Esclareça na sua mente também. A realidade de quem você é, seus valores e seu amor foram definidos quando Deus lhe criou e disse: "Ah, ela é boa, destemida e muito bem-feita." Acredite nisso. Aja como se acreditasse e todos os outros acreditarão também. Não se venda tão barato. Você é uma peça única de *design* original. Não tem problema se ninguém conseguir pagar o quanto você vale. Caso alguém conseguisse, isso a tornaria uma peça comum, e Deus a projetou para ser única e exclusiva. Quem disse essas coisas horríveis sobre você? É melhor rever o que Deus falou e encerrar esse assunto de uma vez por todas em seu coração. Caso contrário, irá comer apenas um pedaço do fruto, quando poderia estar se servindo de todas as árvores.

◦ Um acordo justo ◦

"Então lhes disse: 'Cuidado! Fiquem de sobreaviso contra todo tipo de ganância; a vida de um homem não consiste na quantidade dos seus bens'." (Lc 12:15)

Você só pode cobiçar aquilo que não tem. Quanto mais você focar na falta de amor em sua vida, maiores seus desejos se tornarão. Como um ídolo que exige todos os seus pensamentos e energia. Você se convence de que a vida não está completa até que tenha aquilo de que acredita precisar, essa é a sutileza da mentira. Temos que reconhecer que você tem uma vida, mesmo sem encontrar seu amor, e a vida consiste naquilo que fazemos com ela; então, comece a fazer.

Apenas você pode embaralhar as cartas que lhe foram dadas. Jogue o jogo e que seja para ganhar. Não lamente por não ter a "mão perfeita". Há quem precise de alguma carta que você tem. A vida é interativa. Assim que você aprende a partilhar o que tem, terá tudo o que quiser. Se jogar por tempo suficiente, um dia após o outro, esse placar acabará igualando.

Espiar a mão de outra pessoa nos trará problema e cobiçar cartas alheias nos trará um problema maior ainda. Afinal, você não sabe o que acompanha as cartas do seu adversário, nem o preço que ele teve de pagar por elas. Acredite que o Crupiê Mestre distribuirá as cartas de acordo com o que você conseguir lidar naquele momento. Se deseja todos os presentes bons e perfeitos que vêm lá de cima, eles se realizarão. Ele afirmou que não recusará boas coisas a você. Portanto, acredite que Ele sabe a hora certa. Quando os desejos de seu coração forem perfeitos, Ele os concederá. Enquanto isso, não caia em propaganda enganosa nem seja flagrada desejando aquilo que não lhe pertence. O que parece perfeito para você, talvez não seja. Ah, mas quando é, será seu na hora.

○ Tique-taque ○

"'Cante, ó estéril, você que nunca teve um filho; irrompa em canto, grite de alegria, você que nunca esteve em trabalho de parto; porque mais são os filhos da mulher abandonada do que os daquela que tem marido', diz o Senhor." (Is 54:1)

"*Socorro*! Meu relógio biológico está gritando! Deus não sabe que meu tempo está acabando?" Bom, vamos esclarecer esse assunto. Nosso relógio está quebrado. Ele já não soa mais em nossos ouvidos. Podemos ajustá-lo em nosso coração e ir à loucura se insistirmos nesse assunto, ou podemos encontrar outras formas de sermos frutíferas. Na economia de Deus, Ele usa os excedentes para ajudar os necessitados. Será que Deus quer que você tenha filhos de outra maneira? Talvez, filhos "de coração", "de espírito"? Se tudo vem do espírito antes de se manifestar em matéria, talvez o rumo certo a se tomar seja: eu serei uma mãe para um órfão.

Avalie suas opções. Primeiro, há crianças precisando de atenção e amor à nossa volta; algumas têm pais totalmente ocupados, outras nem os têm e algumas estão à espera de nascer em espírito. Com a sua oração, influência e encorajamento, elas podem nascer para o Reino de Deus. Crianças espirituais que você pode estimular até a total maturidade espiritual. As recompensas para criar pessoas aos moldes de Deus são incalculáveis.

Deus nos quer cheios de propósitos e isso é o que nossa alma mais almeja. Muitas mulheres que se tornam mães, e que passam a ter a vida girando em torno de alguém que depende totalmente delas, questionam-se a mesma coisa: "Qual é o meu propósito? É apenas para isso que vivo?". A vida delas passa a ser consumida pelas crianças e elas sofrem com a perda da identidade. Elas passam a desejar muito mais da vida – como conversas adultas e algo além de fraldas. Deus valoriza tanto a maternidade natural quanto a espiritual. Seu relógio biológico está despertando? Então se torne provedora onde quer que você esteja.

○ Calorias vazias ○

"Quem está satisfeito despreza o mel, mas para quem tem fome até o amargo é doce." (Pv 27:7)

Você já reparou que quando está com fome qualquer coisa parece apetitosa? Eu sempre aconselho a não ir faminta a um restaurante. Tudo no cardápio parecerá atraente, mesmo o que não comemos normalmente. Após algumas garfadas, a fome começa a acabar e a verdade aparece. Você não consegue comer tudo, nem o quer. Não está tão bom quanto parecia no cardápio! E por quê? Porque você está sendo levada pelo seu apetite.

Nossa alma deve estar satisfeita em cada aspecto de nossa vida para podermos discernir as escolhas certas para o nosso coração. Do contrário, ficaremos famintas de amor e iremos procurá-lo nos lugares errados. Seja obsessão por comida, bens materiais, conquistas, ou um péssimo homem, a razão é a mesma – a fome. Fome por um desejo natural que Deus colocou em nosso coração. No entanto, por termos falhado em comer o que Ele nos deu, acabamos famintas por atenção e fazemos tudo de errado para consegui-la. Então, Ele diz para pararmos de nos entupir com coisas que não nos satisfarão.

Seja espiritualmente satisfeita, tenha uma vida satisfeita. Sinta-se satisfeita de dentro para fora. Quando Satanás lhe oferecer aquele saboroso *fast-food* – homem perigoso, sexo antes do casamento, carinhos inapropriados, comida, muitos doces, indulgências de todos os tipos, entretenimentos errados e vícios, tais como compras... ou seja, qualquer coisa que ele ofereça para sedar seus sentidos –, não aceite esse falso cardápio. Ele sabe que, se consumir algum deles, estará aberta a todos. Não, irmã, você não veio de tão longe e esperou tanto para se empanturrar de calorias vazias. Você as conhece bem, elas são saborosas ao paladar, mas causam má digestão e engordam. Resumindo, elas não são nada boas nem para o seu corpo nem para a sua alma. Não, não, não. Afaste-as para longe e aguarde o prato principal.

∘ Desejando controle ∘

"Se você fizer o bem, não será aceito? Mas se não o fizer, saiba que o pecado o ameaça à porta; ele deseja conquistá-lo, mas você deve dominá-lo." (Gn 4:7)

"Se Deus não me dá o que quero agora, por que Ele não me tira esse desejo?" Entendo sua dúvida, mas deixe-me libertá-la. Isso não vai acontecer. Deus não irá simplesmente retirar os desejos por um homem, ou intimidade física, ou chocolate – seja o que for que estejamos almejando fora do nosso sistema. Ele quer que tenhamos o controle sobre nossos desejos. O Senhor nos deu esses desejos e os deixamos correm loucos por aí! Veja, Deus já deu tudo de que precisamos para suprir nossa vocação na vida de maneira misericordiosa. No entanto, Ele espera que sejamos capazes de usar nossos músculos espirituais para tomarmos o controle de nosso caminho.

O desejo por amor é pecado? Claro que não! No entanto, se isso se tornar uma ilusão obsessiva – se consumir seus pensamentos vinte e quatro horas por dia, sete dias por semana e afetar cada decisão que você toma –, eu me atrevo a dizer que passou dos limites. Você está pisando em território perigoso, dizendo que Deus não é o suficiente para lhe satisfazer e que a verdadeira satisfação pode ser encontrada sem Ele. Esse é o pecado original.

Quando Eva pecou, Deus sentiu-Se rejeitado, pois ela queria algo além Dele e procurou a satisfação sem Ele. Ele a deixou ter a independência que desejava, mas, puxa, que perda! Parte da consequência de sua nova independência é que seu desejo por um homem para lhe trazer satisfação a dominou. Ela se tornou escrava do desejo por Adão e não percebeu que, ao se desconectar de Deus, ela também se desconectou dele. Eva não sabia, mas era Deus que os tornavam um. Ele era o terceiro fio que os segurava unidos, porém ela cortou esse fio e acabou se sentindo fria e sozinha na sua recém-descoberta liberdade.

Sempre que escolhermos buscar satisfação fora de Deus, sofreremos as mesmas consequências. Deus é um namorado ciumento que nos dá tudo e, graças ao livre-arbítrio, se nos apegarmos a algo que não seja Ele para nos completarmos, Ele permitirá que o desejo nos consuma a ponto de percebermos que isso não levará a nada e que apenas Ele é capaz de satisfazer nosso coração. Mesmo perseguindo outros amores, Deus continuará nos observando e esperando o tempo todo, enciumado por atenção. E, felizmente, quando enxergamos esse erro, Ele nos puxa de volta para sua amorosa bondade, mostrando que ninguém é capaz de nos amar mais do que Ele.

Ele tirará seu desejo por amor e afeição? Não, pois Ele quer que você deseje essas coisas apenas Dele. É quando desviamos nosso foco para o outro lado do céu que nossos desejos terão o melhor de nós. Vamos manter as rédeas curtas com esses desejos e colocá-los na perspectiva certa. Lembre-se, você deve possuir desejos, mas eles não podem possuí-la.

○ Sintonia é tudo ○

"Para tudo há uma ocasião certa; há um tempo certo para cada propósito debaixo do céu." (Ec 3:1)

Isso inclui o tempo para estar solteira e o tempo para estar casada. Toda mulher esperta sabe que sintonia é tudo. Uma palavra dita antes da hora pode ser um fator decisivo. Fique em paz e deixe as fichas caírem na hora e no lugar certo. Confie Naquele que as segura e, o mais importante, no plano da vida. Deus tem enumerado os nossos dias, o nosso tempo e o propósito de cada etapa que vivemos. Confie Nele, Ele sabe o que está fazendo.

Mesmo com todas as especulações e questionamentos, não há nada de errado com você. Não é preciso perder peso, ganhar peso, cortar o cabelo ou fazer algo diferente. Pelo menos não para conseguir um homem. Se chegou a hora de se tornar alguém melhor para si própria, então tudo bem. Não, você não está sendo muito exigente. Se Deus prometeu superar suas expectativas sobre as graças que a aguardam, então qual é o problema? O que estou dizendo é que podemos nos aperfeiçoar. No entanto, essa melhora não deveria ser para ganhar a atenção ou a consideração de um homem. Na maioria dos casos, estamos onde estamos em razão do tempo preciso de Deus e de Seus planos divinos para nossa vida.

Por isso é tão importante saber o que deveríamos fazer por nós mesmas nesse meio-tempo. Deveríamos estar tirando vantagem do agora ganhando tempo. Chegará o momento em que suas prioridades serão diferentes e você não terá tanto tempo para fazer o que gosta, em razão do casamento. Portanto, aproveite o momento atual e viva-o ao máximo.

○ Solteirice única ○

"E está dividido. Tanto a mulher não casada como a virgem preocupam-se com as coisas do Senhor, para serem santas no corpo e no espírito. Mas a casada preocupa-se com as coisas deste mundo, em como agradar seu marido." (1Co 7:34)

Ei, vamos encarar, homens são uma distração! Casamento toma tempo e trabalho se for feito direito. É tanta energia necessária para coordenar horários, lidar com as crianças, fazer as tarefas domésticas e ainda arranjar tempo para manter a chama acesa – é um trabalho de período integral. O casamento e o relacionamento com Deus são iguais, eles mudam sua vida. Eles a dominam e a tornam responsável por importantes decisões e pela maneira como usará seu tempo.

Eu fico fascinada quando escuto minhas amigas casadas lamentando-se por estarem sempre lutando para ter um tempinho calmo com Deus. Isso parece ser do que elas mais sentem falta na vida de casada. Agora elas têm de estar sempre disponíveis para organizar o dia, cuidar de seus maridos e filhos. São raros os momentos em que podem estar sozinhas.

Ah, as coisas que não damos valor quando somos solteiras! Eu sei que minha vida mudará quando tiver um marido. Teria de ir *beeeem* mais devagar. Talvez parte de mim esteja sempre ocupada justamente para me distrair do fato de estar sozinha. Honestamente, minha filosofia é: por que ficar em casa se eu não preciso? No entanto, tem de haver um equilíbrio entre viver isso e manter a vida em espera. Esse equilíbrio é encontrado quando você se concentra nos propósitos de Deus para sua vida, discernindo as boas ideias ou ideias de Deus. Lembre-se, se Satanás não pode ganhar, ele se juntará a você. Ele colocará tantas atividades em sua vida que você acabará se desgastando. E o que acontece quando se desgasta? Você fica deprimida. É nesse momento que a serpente sussurra em seu ouvido: "Viu! Você dá tudo para Deus e ainda assim ele não te dá o que você quer. Isso é justo?".

Não vai nessa. Não aceite essa conversa fiada. Ela só a fará detestar sua vida. A verdade é que Deus tem um objetivo para você, e, enquanto estiver ocupada com ele, seus desejos ficarão lhe esperando. Não tem como perdê-los, pois se eles estiverem atrás de você irão ultrapassá-la, e se estiverem na frente, eles te aguardarão. Deus admira seu trabalho. Ele tomou nota de todas as sementes que você tem plantado, então não perca tempo se desgastando. Na estação certa, você colherá todos os desejos de seu coração e mais. Quando olhar para trás, será capaz de entender todo o plano, mesmo não conhecendo seus detalhes agora. Espere no Senhor. Aí está o duplo sentido. Espere mesmo, e espere a fim de servi-Lo. Aproveite a oportunidade de poder se concentrar naquilo que está disponível para você. O resto virá e será "ótimo".

⚬ Em breve ⚬

"Entretanto, cada um continue vivendo na condição que o Senhor lhe designou e de acordo com o chamado de Deus. Esta é a minha ordem para todas as igrejas." (1Co 7:17)

Como você está agora? Faça um balanço de sua vida. Você está solteira. Por enquanto essa é a estação que Deus lhe colocou. Viva nessa temporada e aproveite-a. As estações mudam. Usar trajes de verão no meio do inverno não o fará acabar mais rápido. Portanto, viva alegremente cada estação. Descubra o que Deus quer que você faça para se ocupar, usando seu talento e sua energia no dia de hoje, e tente não olhar para o futuro. Jesus diz que se concentrar no amanhã em vez do hoje é antecipar problemas. Eu sou testemunha disso!

Nunca haverá uma época como agora, para que você faça o que deseja, para que alcance seus objetivos. E, sim, tenha objetivos. Uma mulher sem uma visão de vida perecerá assim que nascer. Deus não lhe criou apenas para existir. Ele te desenhou com uma ideia em mente, descubra qual é e dedique-se a ela. Vá pelo começo e tenha fé nas pequenas coisas. Seu lar seria diferente se você estivesse casada? Então o organize. Quando você estiver pronta, o cara certo aparecerá. Caso ele demore, você ainda estará vivendo em potência máxima, transbordando de alegria e senso de dever cumprido. Vá em frente, ocupe-se vivendo o agora do melhor jeito possível. Dê o seu máximo e o resto virá em breve.

○ Siga o roteiro ○

"Disse Jesus: 'A minha comida é fazer a vontade Daquele que me enviou e concluir a Sua obra'." (Jo 4:34)

Vamos por partes. Temos de colocar nossas prioridades em ordem antes de falarmos sobre amor e homens. Fomos criadas para Deus, para sermos adoradoras e companheiras de Seu Filho Jesus. Ninguém está aqui por acaso. Você está aqui com um propósito e com uma tarefa divina a cumprir. Deus tinha algo em mente quando lhe criou no ventre de sua mãe, e antes mesmo de ser concebida Ele já te conhecia. O quão profundo é isso?

Nossa vida é como um filme. Primeiro há um roteiro. Deus tem uma visão de como tudo deverá ocorrer e depois Ele te escala para o papel principal. Lembre-se, esse papel já existia antes de sua escalação. Agora, ao começar a ler o roteiro, você se sente em conflito, mas Deus não se surpreende com as reviravoltas que o enredo dá, pois Ele já as conhece. Ele também conhece o final da história e não permite que ninguém a reescreva. Ele quer que sigamos o roteiro. Quando o fazemos, o esboço perfeito de nosso propósito fica muito claro e a história tem um final feliz. Talvez o mocinho fique com a mocinha e eles tenham um "felizes para sempre", ou a mocinha simplesmente leve uma vida maravilhosa e tenha um "feliz para sempre".

O roteiro que Deus escreveu para sua vida é eternizado com amor e satisfação, mas isso só acontecerá se você seguir as direções que Ele designou. Sim, Ele também é o diretor do filme. Se permitir, Ele cortará as cenas ruins e juntará todas as Suas partes favoritas; assim, uma bela história se desenvolverá, daquelas dignas de um Oscar. Será aquele tipo de história que O deixará satisfeito e glorioso. E o que você ganha por interpretar esse papel? Felicidade, poder, paz, muitas cenas excitantes e sequências surpreendentes, muito além da sua imaginação.

○ Enriquecimento pessoal ○

> "[...] Eu vim para que tenham vida, e a tenham plenamente." (Jo 10:10)

Você sente que está vivendo a vida ao máximo? Ou está apenas existindo? Oscilando, ora por cima, ora por baixo, de acordo com as circunstâncias do momento? Está na hora de parar e avaliar sua situação. Para Deus, a vida deve ser vivida ao máximo. Ela deveria ser levada com gosto! É como dizem: "Dance como se ninguém estivesse observando!". Jogue suas mãos para o céu e vá com tudo. Faça algo inédito, conheça alguém novo, tenha outros assuntos além de Jesus.

Não se empolgue. Escute-me. Jesus deve ser uma parte tão integrada com a sua vida que seria como vivê-Lo e respirá-Lo. Sendo Ele a grande dádiva. Mas lembre-se, Jesus tem um ótimo conhecimento em vários assuntos. Por isso, Ele é capaz de desmembrar o Evangelho a um nível que todos entendam, relacionando-o com sua vida. Não tenha a cabeça tão voltada ao mundo celestial a ponto de não ter bons assuntos mundanos. Conheça a Palavra, mas estimule o interesse de seus conhecidos tendo outros intrigantes tópicos de conversação. Saiba relacionar experiências vividas com a verdade divina. Em outras palavras, seu relacionamento com o Senhor deve seguir o fluxo natural das coisas, e não ser um assunto forçado. Essa é a diferença entre um relacionamento e a religião.

Caso você se sinta entediada, a culpa é sua. É hora de explorar sua imaginação, encontrar um sonho e então construí-lo. Pode ser algo simples como aprender a tricotar, mas veja o que irá acontecer. Uma coisa nova desencadeia outras e logo sua vida passará a ser cheia de coisas interessantes que lhe darão um brilho nos olhos e que consequentemente atrairão outras pessoas.

Como viver abundantemente? Experimentando as muitas opções disponíveis por aí. E acredite, minha amiga, a vida é muito mais do que igreja e trabalho. Deus criou tudo lindamente. Vá lá fora e aproveite essas opções.

∘ Fatos da vida... ∘

Não conhecemos o amanhã, então aproveite cada minuto de alegria hoje.

A vida é um incrível banquete. Saboreie cada pedaço, coma devagar e nunca abocanhe mais do que você pode mastigar.

A vida é você quem faz. Outros só se somarão àquilo que você já tem.

Se sua vida está um tédio, ela será um tédio independentemente do quão interessante for a pessoa que está ao seu lado. Não seja apenas interessada, seja interessante.

Você recebe o que dá, então dê muito amor.

A vida não é uma apresentação de malabarismo. É necessário haver equilíbrio e vivê-la com graça.

A melhor história já contada será sobre sua vida. O que você quer que leiam ou vejam? Decida-se e depois siga o roteiro.

∘ Brilho interior ∘

"O Senhor respondeu: 'Muito bem, servo bom e fiel! Você foi fiel no pouco; eu o porei sobre o muito. Venha e participe da alegria do seu Senhor!'" (Mt 25:21)

Não é a espera que importa, mas, sim, como você está agora. O que você está fazendo com sua vida neste exato momento? Tem administrado bem o que Deus lhe dá? Tem controlado bem o seu dinheiro? E sua casa? Ela tornou-se um lar ou ainda é uma simples habitação temporária? Você está desenvolvendo suas habilidades femininas? Cozinha? Se um companheiro em potencial lhe pedir um currículo das suas habilidades e conquistas, você preencheria a vaga de esposa? Não? Vamos lá, mulher, ao trabalho!

Lembre-se, assim como um homem será uma bênção em sua vida, você será uma bênção na vida dele. Seja a "coisa boa" que ele vai encontrar. Ocupe seu tempo até que ele chegue e prepare-se. Prepare-se já. Pratique a arte da vida doméstica, decore, ponha a casa em ordem, aprenda a preparar uma deliciosa comida caseira, ou várias, dê opções a ele. Aperfeiçoe-se. Não precisa ser tão magra, mas é bom estar no peso certo. Se você se sentir bem, irá parecer bem. Se você parecer bem, atrairá os outros.

Ter fé naquilo que você controla em seu mundo a prepara para receber mais do que imagina. No entanto, se não estiver organizada, por que Deus lhe enviaria algo com o que você não está preparada para lidar? Pense bem. Por que Ele te daria algo a mais se já está sobrecarregada? Isso não pode ser uma experiência ruim. Comece com sua situação atual. Faça um balanço do seu mundo e se questione: "Do que preciso? O que está faltando? O que pode ser melhorado?". Escreva uma lista de coisas que podem ser feitas e comece-as uma por vez. Pode ser qualquer coisa, desde pintar um quarto ou começar uma nova carreira. Independentemente da sua escolha, algo incrível tomará forma em sua vida. Uma sensação de dever cumprido e alegria crescerá em seu ser. De repente, todos começarão a notar um brilho e essa é a alegria do Senhor. Uma sensação de bem-estar por sentir que tudo vai indo muito bem. Você está vivendo com um propósito, fazendo o melhor com a vida que lhe foi dada e tudo está em ordem. Quando começar, você se tornará cada vez melhor.

Bem-vinda à Casa Dele, um restaurante sete estrelas com o melhor jantar do planeta. Sente-se, relaxe, aproveite a experiência e permita que Ele lhe sirva.

O cardápio da vida

ENTRADAS

Passeio prometido – Uma tentadora amostra das promessas de Deus para sua vida. Promessas de Deus são dádivas perfeitas para sua esperança e seu futuro. Um pedaço prepara seu paladar para as saborosas delícias que virão.

Salada de lindas descobertas – Uma fresca mistura da bondade de Deus combinada com maravilhosas surpresas em cada pedaço. Encontros ao acaso e revigorantes reuniões selecionados pelo extraordinário *Chef* que irão prepará-la para os dias que virão. Esse prato pode ser viciante!

Consommé de clareza – Levemente apimentado e aquecido. Pode esclarecer a visão de quem o degusta. Satisfatório e cheio de propósitos, prepara seu paladar para qualquer outro prato que você selecionar.

Sopa super, ultrarrefrescante – Cada colherada trará uma refrescância nunca sentida antes. Leve, saborosa, relaxante e nutritiva, ela fará bem ao corpo e à alma. Um sopro de frescor que a revigorará para enfrentar o mundo.

Aperitivo do tecedor de sonhos – Pedaços picantes de grandes possibilidades de colocar um brilho nos seus olhos e leveza em seus pés. Ele a deixará levemente satisfeita, mas sempre sobrará espaço para o prato principal.

PRATOS PRINCIPAIS

Cordeiro grelhado – Uma proposta macia e suculenta. Um pouco cara, mas vale cada pedaço. Bem selecionado, você não provará nada melhor. Esse prato inesquecível trará sabor à sua vida.

Saboroso maná salteado – As direções que Deus dá à sua vida servirão para aquecer e refrescar esse perfumado cozido que lhe dará água na boca. Cada pedaço é melhor que o anterior. Picante e cheio de sustância, esse prato lhe dará força para seguir sua jornada.

Surpresa frita – Seu sabor é consistente, mas nenhum pedaço é igual ao outro. Esse é um dos pratos mais empolgantes. Servido em uma cama de rendição e regado com óleos aromáticos que estimularão um entusiasmo pela vida. Tão saboroso, esse prato é uma grande promessa.

Sanduíche gigante do Senhor – Esse é um banquete de vida! Parece sem fim. Revigorante graça, bondade e misericórdia em cada pedaço. Esse prato satisfará seus mais profundos desejos e preencherá todos os vazios de seu ser. Ele te dará força, vitalidade e um completo bem-estar. Bem servido e bom até a última migalha. Vem coberto com o molho secreto do *Chef*.

SOBREMESAS

Sorbet de paixão – Para a romântica que há em você. Suave e leve, mas com conteúdo, essa sobremesa fácil de comer deixa um gosto bom no paladar. É verdadeiramente delicioso.

Bolo de jubileu – Cada pedaço preencherá sua boca com alegria e risos. É uma receita que todos vão querer provar. Macia, deliciosa e nada calórica, essa sobremesa é ótima para sua alma.

Torta delícia – Um deleite que não prejudicará seu organismo. O final perfeito para uma refeição. Coberto com um saudável creme de bênçãos.

Mistura divina – O favorito da casa. É uma combinação de bondade, especialmente selecionada pelo *Chef*, com uma mistura criativa que estimulará seu senso de aventura para as melhores coisas da vida. Indescritível. Você precisa experimentar para acreditar.

BEBIDAS

Água viva – A mais pura e refrescante água flui de uma fonte exclusiva da casa. Basta um gole para você nunca mais sentir sede. Servida pura ou com gás.

Chá reconfortante – Para as almas inquietas, esse chá foi comparado ao de camomila, porém possui resultados mais duradouros. É servido na temperatura certa em recipiente indicado; assim, conservará suas propriedades de cura.

Ponche de frutas – Sabor único. Cada gole é uma experiência espiritual. Tem rica consistência, sabor ousado e, mesmo assim, possui um aroma suave. Todos irão repetir.

ACOMPANHAMENTOS

Mistura cristalizada – Comida para a mente. Aumenta a percepção, a sabedoria e o entendimento. Deliciosa. Quanto mais você provar, mais irá querer.

Suflê de grãos – Irá melhorar sua sensação de bem-estar e lhe dará energia. É o acompanhamento perfeito para quem tem fome de vida.

Deleite salteado – Este prato é rico em generosidade. Os melhores itens da despensa do *Chef* vão nesta incrível mistura para criar um prato que todos invejarão. Coma, aproveite e divida. Tem o bastante para todos.

Torrada de benevolência – Você chamará a atenção de todos ao pedir esse prato. Ele acompanha bem qualquer outro item do cardápio e prepara seu paladar para o próximo prato. É um hit da casa. Realmente bom.

*Em caso de dúvidas sobre o que pedir, pergunte ao Espírito Santo qual a recomendação do *Chef*.

BOM APETITE

AMOR...

Solteira
subs. feminino.
adj.

1: Mulher que ainda não se casou
2: Separada, divorciada
3: Que se encontra carente, que não tem algo, necessitada.
4: Diz-se de fêmea animal que não gerou filhos.

◦ Espere um pouco... ◦

Antes de continuarmos a falar sobre o amor, precisamos esclarecer algumas coisas. Antes de começar sua busca pelo amor, você precisa saber onde está se metendo. Talvez isso a desacelere um pouco, ou talvez a faça correr mais rápido do que nunca, mas é meu dever apresentar-lhe todos os fatos para que a decisão mais sábia seja tomada.

Antes de amar alguém, seu amor por Deus e por você mesma deve permanecer intacto. Então, vamos definir a ordem certa das coisas: Deus em primeiro lugar, você em segundo e outras pessoas em terceiro. Se essas posições não estão esclarecidas, isso a levará a trocas amorosas infelizes que nunca lhe trarão satisfação ou boas expectativas. Sim, o ato de receber o verdadeiro amor começa com você, e essa coisa toda de amor é entre você e Deus. Se não consegue se acertar com Ele, o Criador do amor e sua verdadeira personificação, com quem você se acertará? Sim, o romance deve começar antes mesmo de um homem entrar em sua vida. Lembre-se, amor atrai mais amor. "Então, como eu chego lá, Michelle?" Espere! Eu estou a ponto de lhe dar um passo a passo de como conquistar o amor que você tanto quer e tudo que você viverá são alegrias enquanto espera pelo cara certo.

O amor não é sobre aquilo que você pode receber.
É sobre aquilo que você dá.
Ele está sempre disponível...
Se isso for o que você realmente quer.

○ O dom de prover ○

"Porque Deus tanto amou o mundo que deu o seu Filho Unigênito, para que todo o que nele crer não pereça, mas tenha a vida eterna." (Jo 3:16)

Talvez em sua busca você tenha visto o amor como a resposta mais importante para os desejos de seu coração. Na verdade, isso será o maior teste da disposição em se sacrificar. "Mas eu pensei que iria conseguir algo ótimo do amor! Eu pensei que isso me faria bem, me faria sentir validada, realizada e especial por alguém me querer." Humm, não é bem isso que o Senhor tem em mente. Se devemos seguir o modelo perfeito do amor de Deus, nós devemos entender que é mais importante dar do que receber. Afinal, é o mais abençoado a ser feito. O mais puro prazer do amor é oferecer tudo o que tem àquele que reconhece o valor das suas doações, mesmo que esse nem sempre seja o caso. Dê mesmo assim. Deus deu.

Jesus esperou ansiosamente pelo momento em que iria reconhecer e retribuir o amor de Deus. Ele deu muito mais do que poderia retribuir. Ainda assim, Jesus teve prazer em saber que seu sacrifício mudaria nosso destino e nossa vida para sempre. Quando se dá amor a alguém, essa pessoa jamais será a mesma, graças a você. O amor é intenso, profundo e muda vidas. Nem todos têm facilidade ou habilidade para responder a isso, mas ainda assim ele afeta profundamente tudo que toca. Para alguns, o efeito desse amor é imediato; para outros, ele reformará o coração. Você nunca saberá o total efeito do seu amor na vida de alguém.

Anos mais tarde, o amado irá se lembrar das palavras ditas, de um gesto feito, e analisará os efeitos disso em sua vida. O amor é interminável.

Então, pense na motivação que você tem para se aproximar daqueles que atrai. Você faz isso pelo desejo de dar algo a essas pessoas? Ou é por aquilo que você acredita que elas adicionarão à sua vida? Já tem o que precisa delas? Sua resposta deveria ser sim. Apenas Deus pode preenchê-la com aquilo que anseia em receber de outras pessoas, e então pode repassar aos outros, de novo e de novo, completando assim o ciclo do amor verdadeiro. É na doação que você encontrará o que está procurando.

Deus deu Seu Filho por nós. Nunca haverá um sacrifício mais caro que esse. Se fomos chamados para sermos iguais a Ele, pelo menos isso devemos imitar – derrubar nossos ambiciosos motivos pelo coração de outros.

Ao contrário da crença popular
o amor não é a resposta para nossos problemas.
Ele pode ser o catalisador para muitos.
Imensa pode ser a dor do sacrifício
que anda de mãos dadas com o amor.
No entanto,
o amor não é sinônimo de dor.
Altruísmo sim...
Para sua alma que deseja imitar Cristo
em atos de abnegação
dê para não se decepcionar...

◦ Vendido ◦

"Ame o Senhor, o seu Deus, de todo o seu coração, de toda
a sua alma, de todo o seu entendimento e de todas
as suas forças." (Mc 12:30)

Alguns perguntam: "Por que Deus exige tanto de nós? Ele não está sendo egoísta?". A resposta a essa questão é: nem um pouco, Ele apenas quer o que é Dele. Se você criou algo, deu-lhe vida, cultivou e satisfez suas necessidades, não ia querer que essa criatura a amasse mais do que a vida que você lhe deu? Nada fere mais um pai do que um filho desrespeitoso e mal-agradecido.

Isso nos faz concluir uma linha de raciocínio. Se amarmos o Senhor como devemos, nosso coração relaxará em Seu cuidado protetor. Saberemos discernir bem nossas escolhas amorosas e evitaremos muitos corações partidos. Deus consagra o casamento e quer te entregar aos braços de um homem apenas se esse homem a amar como Ele a ama. Não confiará seu coração a qualquer um. Então, por que você deveria?

Oferecer nosso amor Àquele que mais nos ama nos manterá protegidas e cheias de felicidade. Quando depositamos nosso amor Nele, nosso primeiro Marido, seremos mulheres bem cuidadas. Afinal, amar alguém com todo o seu coração, alma, mente e força tomará muito tempo e energia. Você tem que colocar tudo nesse amor. Esgote-se completamente em dar e viver dentro desse amor.

Seu amor por Deus é apenas mental? Isso não é suficiente, pois nossa mente muda constantemente apenas baseada em circunstâncias. Seu amor por Deus é apenas emocional?

Isso também não é suficiente. Você necessita ter uma razão, um fundamento para esse amor. O seu amor por Deus é algo que você busca com forte dedicação, com cada fibra do seu ser, por meio de intermináveis atos de justiça que consomem sua força de tempos em tempos? Hummm, isso é perigosamente solitário. Andar nessa montanha-russa que é amar a Deus logo substituirá essa maravilhosa relação por uma antipatia à sua religiosidade. Seu amor por Deus é apenas na alma? Se sim, você estará em constante guerra com a sua carne conforme você paira sob aquilo que mais ama. Há muitas coisas atraentes para sua alma, mas é difícil amá-las da mesma forma, ao mesmo tempo – uma delas a fará sofrer.

Temos que ter a mente feita para dar nosso coração por inteiro a Deus, ordenando que a alma resista aos desejos da carne com todas as suas forças. A capacidade que temos de dar e receber amor depende disso.

∘ Derramando ∘

"[...] Ame o seu próximo como a si mesmo." (Lc 10:27)

Ops! Aí está! Se você foi instruído a amar o próximo como a si mesma, isso significa que você tem que se amar primeiro. Não de um jeito espiritual ou humano, mas do jeito de Deus. O que você faz quando ama alguém? Você cuida, venera, valoriza, mima, faz de tudo para a pessoa ficar bem, não causa mal e quer sempre mantê-la longe do perigo. Sim, sim, estamos falando de você, garota.

Você trata os outros da mesma forma? Pense um pouco. Se você sempre se põe para baixo, também será muito crítica com os outros. Veja, Deus entendeu que você só pode tratar uma pessoa da maneira como você se trata. Você só será capaz de celebrar as qualidades do próximo se tiver uma boa e saudável opinião sobre si mesma. No entanto, se você não se adora, será duro admirar quando o próximo parecer e estiver bem. Isso só aumentará a decepção consigo mesma. Torna-se um círculo vicioso difícil de quebrar. Uma dica, ilumine-se! Não se leve muito a sério. Ria de seus erros e, em vez de se ver de forma negativa, considere seus caprichos pequenos toques da genialidade de Deus que a tornam única. Aprenda a ver o copo meio cheio em vez de meio vazio. Não esnobe um elogio – aceite-o e o internalize-o. Use-o como um guia para conseguir mais.

Por muitos anos eu lutei contra meu peso. Eu olhava no espelho, criticava meu corpo, passava fome e falava firmemente para ele se ajeitar. E continuava crescendo para os lados. Um dia, Deus me disse: "Michelle, seja boa com seu corpo, ele é o único que você tem. Ame-o e ele a satisfará". Então, comecei a vê-lo de um modo diferente, notar suas qualidades e admirá-lo. Passei a fazer massagens regularmente, comecei a me alimentar melhor e a escutar meu corpo. Eu estava reagindo mal às coisas que colocava em meu organismo e então parei de consumi-las. Iniciei uma alimentação moderada, comecei a fazer caminhadas e a usar roupas que destacavam meus pontos positivos. E adivinha o que aconteceu? Eu comecei a perder peso! Passei a me sentir melhor e a ter um visual melhor. Estava amando meu corpo e ele me amava de volta. Viu aonde quero chegar? A um mundo de celebração.

Se você for capaz de se tratar com bondade, ela fluirá ao lidar com os outros. Quando nos amamos, as inseguranças acabam. Você terá um espírito livre para não enxergar apenas seu umbigo e responderá à necessidade dos outros incondicionalmente. Se você passar a derramar sensibilidade e receptividade aos que estão à sua volta, a satisfação e a alegria transbordarão. Você se regozijará com as coisas positivas e contará com a graça para as negativas. Lembre-se, você colhe o que planta. Portanto, plante amor.

◦ Uma verdadeira conexão amorosa ◦

"Seja a atitude de vocês a mesma de Cristo Jesus, que, embora sendo Deus, não considerou que o ser igual a Deus era algo a que devia apegar-se; mas esvaziou-se a si mesmo, vindo a ser servo, tornando-se semelhante aos homens. E, sendo encontrado em forma humana, humilhou-se a si mesmo e foi obediente até a morte, e morte de cruz! Por isso Deus o exaltou à mais alta posição e lhe deu o nome que está acima de todo nome, para que ao nome de Jesus se dobre todo joelho, no céu, na terra e debaixo da terra, e toda língua confesse que Jesus Cristo é o Senhor, para a glória de Deus Pai." (Fl 2:5-11)

É impressionante pensar que uma pessoa faria tudo isso por uma relação. A única maneira de se humilhar como Jesus (que o fez para abrir o caminho para que nós pudéssemos ter uma relação eterna com Deus) é conhecer e amar a si mesmo além de saber seu valor. Se quiser, considere uma analogia com um salto de *bungee jumping*. Antes de tudo, a pessoa deve cair em segurança. Ela sabe que mesmo se atirando ao nada, voando do ponto mais alto até o mais baixo, deve estar bem amarrada e garantir um retorno seguro.

Quando estamos vivendo uma verdadeira conexão amorosa com Deus, temos que estar confiantes de que somos amáveis, para que assim possamos arriscar a amar outro alguém – sem esperar nada em troca.

Amor incondicional. Tem algo libertador em não precisar de ninguém para se sentir amada! Você já tem todo o amor de que precisa. O que vier será apenas a cereja do bolo de seu coração. Não está mais vazia, não tem fome e não está desesperada, então escolha dar amor aos que estão à sua volta sem esperar nada em troca. Claro, este é o segredo para conquistar o tão desejado amor. Manter a mente aberta permite que os outros escolham se irão ou não te amar de volta. Libertação incondicional atrai fortes comprometimentos, porém excesso de carência sufoca a promessa de amor. Ela suga a vida e a alegria do amor, pois a pessoa perde seu direito de escolha. Então, fique conectado com o amor da videira e livremente frutificará. Dê e receba livremente.

◦ Em guarda! ◦

"Acima de tudo, guarde o seu coração, pois dele depende toda a sua vida." (Pv 4:23)

Se você se ama, protegerá o que ama. É aí onde seu coração está e a condição dele afetará tudo em sua vida. Guarde-o – cuide dele, preserve-o, alimente-o e mantenha-o fora de perigo. Às vezes, mesmo que o coração tenha que correr riscos, estes devem ser calculados, e não executados impulsivamente. Considere o preço, mas também leve em conta a recompensa. Observe a fina linha, mas não deixe que ela a guie. O coração é o tomador de decisões do seu ser. Então, pondere suas ofertas antes de distribuí-las, meça-as antes de oferecer, para que elas não sobrem nem se esgotem. Procure dar-se a Deus sem esperar nada em troca. Atreva-se a amar, dar, servir e sacrificar-se como Cristo fez por você.

Como proteger seu coração e correr riscos ao mesmo tempo? Considere os competidores de esgrima ao ouvirem: "Em guarda!". Seus braços permanecem abertos enquanto eles dançam para a frente e para trás, atacando e se esquivando da espada do adversário. Como eles protegem o coração? Com armaduras no peito. Veja, eles não ficam parados com a mão sobre o coração tentando protegê-lo, pois isso atrapalharia seus movimentos. Eles se movem livremente, confiando que suas armaduras irão assegurar o que lhe é vital. Nós também temos uma armadura, a armadura de Deus. Deus prometeu ficar com quem se comprometer com Ele, portanto dê a Ele seu coração. Peça a Ele para guardá-lo e atreva-se a dançar.

> Construa uma cerca em volta de seu coração
> não uma parede.
> Permita que os outros o vejam
> mas não o toquem.
> Deixe se aproximarem
> e observarem.

Para considerar sua beleza
e decidir o que responder
ao seu convite...
Se eles partirem,
lembre-se de que o valor da propriedade
não foi diminuído...

○ Atreva-se a desejar ○

"O coração é mais enganoso que qualquer outra coisa e sua doença é incurável. Quem é capaz de compreendê-lo?" (Jr 17:9)

"E aquele que sonda os corações conhece a intenção do Espírito, porque o Espírito intercede pelos santos de acordo com a vontade de Deus. Sabemos que Deus age em todas as coisas para o bem daqueles que o amam, dos que foram chamados de acordo com o Seu propósito." (Rm 8:27-28)

Em nossa vida antes de Cristo, nosso coração estava em guerra com Deus. Desejávamos coisas que Ele não queria para nós, então não podíamos confiar nem no nosso coração nem no que amávamos. Agora que estamos com Cristo, porém, nosso coração está sintonizado com o Dele e, se estamos seguindo a Cristo, nossos desejos estão em harmonia com os Dele. Faça as pazes com seu coração. Escute-o. Ele é o instrumento que Deus usa para te guiar. Algum desses desejos pode nos deixar amedrontados. É isso o que o Senhor realmente quer para mim? Eu não me atreverei a desejar isso!

Lembro-me de desejar muito um carro. Tinha um desejo muito específico, queria um bom carro. Do fundo do meu coração eu realmente queria um ótimo carro, mas minha mente estava convencida a aceitar algo mais adequado e barato. Ao fim de uma divina situação, acabei comprando uma Mercedes antiga por um preço muito bom. Ela era mais barata que os carros econômicos que eu queria comprar. Senti que aquele incidente era uma maneira de Deus dizer: "Não tenha medo daquilo que você quer. Se você assumir que o deseja e deixar esse desejo em minhas mãos, Eu o concederei a você". Aquela Mercedes não era a minha primeira escolha, mas, no momento em que dei uma volta nela, me apaixonei. Desde então, tem sido um ótimo carro e não precisei me endividar para comprá-lo. Deus foi ao fundo do meu coração e combinou o que eu realmente queria com o que Ele sabia ser melhor para mim e isso me trouxe uma bênção além da minha imaginação.

Não tenha medo de sonhar, esperar e desejar o que quer. Confie que Deus está guiando seu coração. Se você está indo pela rua errada, o Espírito Santo irá interceder e Deus colocará um desvio no seu caminho. Entregue a Ele. Siga pela estrada e veja até onde ela irá te levar. Você pode até se aventurar por uma floresta sombria, mas, se estiver de mãos dadas com Ele, encontrará o caminho de volta para seu lar. Um lar cheio de graças que a tornará rica em amor, experiência, conhecimento da bondade e do poder de Deus. Sim, isso a fará rica e sem tristezas.

◦ Apenas amigos ◦

"No amor não há medo; pelo contrário, o perfeito amor expulsa o medo, porque o medo supõe castigo. Aquele que tem medo não está aperfeiçoado no amor. Nós amamos porque Ele nos amou primeiro." (1Jo 4:18,19)

Tenho um amigo que adoro. Ele é apenas um amigo. Já estive interessada em algo mais, mas ele não. Ainda assim, temos uma amizade maravilhosa que seria perdida se eu tivesse decidido não compartilhar meu coração com alguém que não tem os mesmos sentimentos que eu. Recentemente, ele me contou sobre uma mulher de seu interesse. Eu disse: "Estou com ciúmes!". Então, ele falou: "Você não pode estar com ciúmes, você deveria desejar minha felicidade". Eu respondi: "Sim, eu posso. É um sentimento saudável que estou dividindo com você. E, sim, eu desejo que você seja feliz". Sua réplica foi: "Ah, entendi, você quer que eu seja feliz, contanto que esteja sozinho!". "Sim, é isso!", respondi, sorrindo. Nós dois rimos muito sobre isso. Não estava ferida por ele não ter me escolhido, sei que ele me ama de forma diferente, e isso não me faz sentir rejeitada. Eu sabia que, ainda assim, tinha dele a melhor parte de que eu precisava. Uma amizade incrível que duraria para sempre pela nossa honestidade e pela ausência recíproca de expectativas.

Como permaneci tão calma nessa situação? Eu já me sentia amada. Não temia compartilhar meu coração, pois ele já estava completo em Cristo. Sinto e percebo Seu amor e proteção todos os dias em minha vida. Passei a notar cada surpresa que Ele me fazia.

Eu via sua bondade e seu apoio se estender através de mim até os outros e parei de supervalorizar os detalhes. Quando estamos certos de estar recebendo todo o amor que merecemos, seremos mais amorosos com o próximo e assim ganharemos uma generosa medida de amor e carinho em troca.

Devo confessar que esperava o pior de todos os homens que conhecia. Em algum lugar do meu inconsciente, eu achava que merecia sua falta de interesse e seus maus-tratos. O problema não eram eles, era eu. Vivi temendo esse castigo e em algum momento passei a acreditar na mentira de que eu não era amável. Deus me provou que isso não é verdade, fazendo-me perfeita em Seu amor. Agora posso ser madura nas minhas expectativas pelos outros e ser realista sobre o que eles são capazes de proporcionar. Eu não busco mais por relações que não me darão o que preciso. Sou capaz de amar, pois o grande amor da minha alma me amou em primeiro lugar, abrindo assim meus olhos para as ricas relações que posso ter e para as quais antes não dava atenção.

Você insiste em encaixar todos os homens que conhece dentro das suas expectativas? Se sim, essa talvez seja a razão por não haver nenhum homem em sua vida. Se estiver pronta para viver agradáveis surpresas e uma vida mais feliz, está na hora de ganhar equilíbrio e se esticar além da sua zona de conforto, para assim aceitar o seu amor e distribuí-lo a fim de que ele cresça cada vez mais. Plante e colha o amor, mas certifique-se de plantá-lo em um bom solo.

○ O perfume do amor ○

"A fragrância dos seus perfumes
é suave [...]" (Ct 1:3)

Acredito que exista um feromônio liberado em seu organismo quando você está apaixonada. Quando amada, há um brilho em seu semblante que nenhuma maquiagem é capaz de copiar. É como um ímã atraindo a atenção de todos que sentem essa irresistível felicidade. No cântico de Salomão, quando a mulher de Jerusalém orgulhosamente proclama: "Eu sou do meu amado, e o meu amado é meu" (Ct 6:3), todos aplaudiram sua beleza e atratividade. Nós devemos caminhar no amor antes de atraí-lo.

Eu me recordo de um dia estar passeando com amigas pelo shopping. Nós repetidamente olhávamos várias vitrines, mas nada atraía nossa atenção. Por fim, encontrei um item maravilhoso. Enquanto ficava animadíssima por adquiri-lo, minhas amigas também passaram a admirar a peça: "Oh, como não vimos isso antes?", elas se perguntavam. O até então ignorado item passou a ser desejado por todas e eu me tornei orgulhosa em notar sua beleza e seu valor primeiro.

Deus reconheceu a sua beleza e o seu valor primeiro. Ele foi o primeiro a amá-la. Quando você recebe e se delicia em Seu amor e admiração, outras pessoas farão fila para partilhar dessa opinião, que, a propósito, sempre será maior do que a opinião que você mesma tem a seu respeito, pois Ele a observa por meio do sangue de Jesus, que cobre todas as suas falhas.

Quando você se cerca do aroma de Seu amor, que é fruto do trabalho do Espírito em sua vida (sentimentos como bondade, gentileza, paciência), outras pessoas irão admirar sua fragrância e se aproximarão para apreciá-la melhor. Todos perguntarão: "Que perfume maravilhoso é este?". "Ah, esse é o perfume do amor!", você responderá com um sorriso no rosto.

◦ Um coração ouvinte ◦

"Eu amo o Senhor, porque Ele me ouviu
quando Lhe fiz a minha súplica."
(Sl 116:1)

Vamos examinar por que amamos quem amamos. Nós amamos algumas pessoas porque sentimos que elas nos escutam e nos entendem, sentimos que elas encontraram um lugar em nosso coração e fizeram uma forte conexão conosco. Elas escutam nosso chamado e satisfazem nossas necessidades. Isso nos faz sentir amadas e, assim, amamos em troca.

Então, se isso é o necessário para amarmos alguém, partimos do pressuposto de que, se queremos amor, devemos ter um coração atento para escutar e responder às necessidades do próximo. Voltamos para a necessidade de doar e provavelmente não sairemos dela, mas, na sociedade moderna, em que o lema é "o que você fez por mim ultimamente", é mais fácil ser ganancioso do que um filantropo. Afinal, todos temos incêndios para apagar, certo? Se prestarmos atenção, a maioria das conversas é unilateral. Sem realmente pensar na outra pessoa, nós perguntamos: "Como vai você?". No entanto, nós realmente escutamos a resposta? Muitos "estou bem" estão matizados com dor e frustração, mas não aparentam. Essas pessoas vão embora se sentindo desconectadas de nós. E nos questionamos por que nunca mais ouvimos falar delas se antes elas se mostravam tão interessadas...

A verdade é que dependemos uns dos outros, mesmo que alguns ainda se sintam isolados em uma ilha, cercados por um mar de pessoas egocêntricas. Leva tempo para descobrir que, quando se está sintonizado com alguém, as próprias experiências serão minimizadas. Você não só tirará o foco da própria situação, liberando as Mãos de Deus para trabalhar sem sua intervenção, como também sentirá a alegria de influenciar a vida de alguém com palavras de encorajamento. Tente, você pode gostar.

◦ A prática leva à perfeição ◦

> "[...] Mas os que planejam o bem
> encontram amor e fidelidade."
> (Pv 14:22)

Quais são seus planos? Um companheiro é apenas algo que você deseja ter ou realmente planejou ser uma dádiva na vida de um homem? Aquelas que acreditam que um homem completará sua vida ficarão bem despontadas. Completar a vida é a missão de Deus, porém se unir a alguém, ver essa pessoa tomar vida, tornar-se um homem melhor e mais produtivo para a glória de Deus *é* uma missão maravilhosa que toda mulher pode ter. Você pode começar a fazer isso agora, com o que já está na sua vida. A prática leva à perfeição.

Há uma alegria em ver sua influência na vida de alguém, e há um bônus extra para aquelas irmãs que plantam isso na vida dos homens que as rodeiam.

Planeje ser uma fonte de inspiração; construir, e não destruir. Incentive bons trabalhos, plante grandeza, apoie-os a serem produtivos em todas as áreas da vida. Esse sim é um bom plano. Deus pode confiar a você um parceiro para toda a vida, pois agora entendeu tudo. Enquanto isso, sempre há uma felicidade presente em ver outras pessoas florescerem pela sua presença na vida delas. De novo, isso é doação. É realmente melhor dar do que receber, e a ironia disso é que tudo que você dá, receberá de volta! Deus está vendo isso.

O amor requer riscos.
O amor requer sentimento.
O amor requer uma resposta honesta.
O amor requer a própria morte
escutando,
aprendendo,
servindo,
e morrendo de novo.
Cem vezes
ou quantas vezes forem necessárias.
Você está pronta para isso?

◦ É chegada a hora ◦

"Para tudo há uma ocasião, e um tempo para cada propósito debaixo do céu: tempo de nascer e tempo de morrer, tempo de plantar e tempo de arrancar o que se plantou, tempo de matar e tempo de curar, tempo de derrubar e tempo de construir [...] tempo de espalhar pedras e tempo de ajuntá-las, tempo de abraçar e tempo de se conter [...] tempo de amar e tempo de odiar, tempo de lutar e tempo de viver em paz." (Ec 3:1-3,5,8)

Mesmo ansiosas para entender as coisas, sabemos que sintonia é tudo. Há um tempo de preparação para receber o amor que Deus quer nos dar. Use-o sabiamente. Há um tempo para entender e experimentar a beleza de estar sozinha, pois é nele que conhecemos a nós mesmos e vemos tudo de que precisamos, tudo o que queremos e não queremos. Faça uma lista, descubra suas vulnerabilidades e fortifique-as. Encare seus medos e derrote-os; aceite o Salvador da sua alma e pare de aceitar estranhos desqualificados.

Plante novos sonhos e regue-os com orações. Pare de regar fantasias improdutivas. Destrua qualquer devaneio, alucinação ou ilusão que se exalte contra o conhecimento de Deus e Seus planos para sua vida, e então construa sob o destino que Ele plantou em seu coração. Procure a verdade e livre-se de qualquer mentira. Desista de todas as concepções pré-fabricadas e dê espaço para a vontade de Deus na sua vida. Livre-se daquele excesso de bagagem que não traz nada de bom e das coisas que a impedem de seguir adiante e aproveitar o que Deus já deixou disponível para você. Destrua qualquer coisa que estiver te vinculando à raiva, depressão, falta de esperança ou resignação. Corrija seu coração e seu espírito. Ensaie a promessa de Deus e permita que o Espírito Santo amenize suas decepções. Cure-se antes de buscar o amor, pois um coração partido tem péssima mira.

Em outras palavras, gaste o tempo de que precisar para ser o melhor que você pode. Use-o bem. Não fique apenas pisando em ovos, vá além. Vá em frente e para cima. Prepare-se. Ocupe totalmente sua vida até que alguém a peça para fazer parte dela. Aproveite essa estação, já que não sabe quando é que o tempo vai mudar. Sim, minha irmã, mantenha esse ritmo e saiba que a mudança é inevitável.

◦ O tempo dirá ◦

"Mulheres de Jerusalém, eu as faço jurar pelas gazelas e pelas corças do campo: não despertem nem provoquem o amor enquanto ele não o quiser." (Ct 2:7)

A gazela é conhecida por ser linda, pequena, graciosa e rápida. Nós, porém, quando andamos com rapidez, acabamos encontrando problemas. Uma das coisas que acho interessante na gazela é a habilidade que ela tem de se focar naquilo que está próximo e distante ao mesmo tempo. Nós, como fêmeas, também possuímos essa incrível característica, que deve ser equilibrada para que tenhamos ótimos resultados ao tomar decisões. Talvez nossa irmã Sulamita soubesse disso quando dividiu esse cuidado com suas amigas. Por enxergarmos tudo tão rápido, somos levadas a nos afastar de Deus, para provocar o amor, assim dizendo, se houver a mais remota possibilidade. Nós temos que estar acostumadas com os sentimentos e desejos do próximo. O amor é flexível e paciente. O amor realmente verdadeiro não irá a lugar algum, então não tenha pressa. Teste-o e observe-o para discernir suas intenções. É apenas luxúria ou realmente é amor? Só o tempo dirá.

Pense assim: se você esteve sozinha esse tempo todo, por que correr agora? Espere pela coisa certa. Permita que o coração se acomode no mundo real. Não pressione, induza ou tente fazer as coisas acontecerem antes da hora. Lembre-se de que há um motivo para tudo, incluindo a análise. A Escritura sempre nos incentiva a sermos bem claras em para onde estamos indo e o que estamos fazendo. Quando se trata de amor, é importante usarmos a cabeça e também o nosso coração. Para algo duradouro, não deve haver pressa.

O amor não é um sentimento
é uma decisão...
Não é o amor
que faz as relações durarem.
Mas, sim, o
nosso comprometimento
com o compromisso que fizemos.
No entanto, pense ao fazer promessas.
Quanto menos quebrá-las
menos destruirá o trabalho
das próprias mãos...

○ O grande prêmio ○

"Amo os que me amam, e quem me procura
me encontra." (Pv 8:17)

"Mas aquele que de mim se afasta, a si mesmo se agride;
todos os que Me odeiam amam a morte." (Pv 8:36)

Temos aqui, falando de amor, duas autoridades no assunto: Deus e Sabedoria. O que eles têm a dizer mostra a verdade, porém é algo que devemos conhecer dentro de nós para não nos sensibilizarmos com a rejeição.

Deus ama a todos. Ele nos chama e atrai para aproveitarmos dessa relação, mas apenas aqueles que respondem, e O procuram, encontram o verdadeiro amor e experimentam o total benefício desse relacionamento. Há uma intimidade proporcionada àqueles que O aceitam. E os relacionamentos em sua vida? Há um amor similar? Ainda assim, somos chamadas de exigentes. Ame a todos, sim, mas apenas aqueles que apreciam e correspondem ao seu amor devem ter o benefício de tocar seu coração nos lugares mais íntimos e ter acesso à sua amizade, ao seu cuidado e afeição.

Quem não a aprecia acaba perdendo a sabedoria. Não é problema *dela*, é problema *deles*. Eles não estão prontos para a realidade! Qualquer homem que você conhecer não estará pronto, não irá apreciar o que você tem a oferecer, e ele é quem sai perdendo. Lamente por eles e pelo que eles irão perder. Esteja convencida de que você é a boa coisa que um homem deve procurar. Ele deve buscá-la, e trabalhar na conquista antes de receber o grande prêmio.

Se você ainda está resistindo em acreditar que é o grande prêmio, uma joia preciosa, então o trabalho começa aí. Trabalhe, irmã, até acreditar! Pois, afinal, você não tem nada a perder se alguém não reconhece o tesouro que é. Aqueles que vêm e que vão são os que realmente perdem.

○ Revelando a luz ○

"Disse-lhes Jesus: 'Se Deus fosse o Pai de vocês, vocês me amariam, pois eu vim de Deus e agora estou aqui. Eu não vim por mim mesmo, mas Ele me enviou'." (Jo 8:42)

Luz atrai luz. Saiba que apenas aqueles que amam a luz, ou estão em busca dela, serão atraídos a você. Continue andando em direção a ela. Ou eles a acompanharão ou partirão. Mesmo assim, Satanás mandará tarefas para nós – pessoas que não querem nosso bem –, as quais não nos acompanharão, pois as trevas não duram na presença da luz. Outra razão para não ter medo e apenas amar. Deus cuidará de seu coração se você permitir.

Eu me lembro de ter conhecido um homem muito interessante há algum tempo. Ele era bom demais para ser verdade. Então, eu passei a orar por ele, e minha específica oração era: "Senhor, se este for o homem que escolheste para mim, quero que Tu fales com ele sobre mim, como o Senhor falou sobre Maria para José. No entanto, se ele não for certo para mim e não tiver boas intenções para com meu coração, quero que Tu o removas para tão longe que eu não seja capaz de encontrá-lo mesmo se eu quiser". Bom, logo depois, o homem desapareceu no ar! Eu fiquei extremamente chateada, até Deus me lembrar de que fui eu que pedi a Ele para remover o rapaz da minha vida se não houvesse intenções honrosas.

Veja, não temos de fazer a coleta e a separação. O Espírito do Senhor fará isso. Se você estiver realmente vivendo uma vida comprometida com Deus, quem assim não estiver não permanecerá em sua presença. Um rapaz terá verdadeiras intenções com você se o coração dele realmente desejar se aproximar de Deus; caso contrário, tudo não passará de uma atração física. Não fique complexada, deixe a vida te levar. Saiba que aquilo que parece ser rejeição masculina nada mais é que a intervenção e a proteção de Deus.

○ Além do horizonte ○

"Devido ao aumento da maldade, o amor de muitos esfriará." (Mt 24:12)

"O Senhor cumprirá o seu propósito para comigo! Teu amor, Senhor, permanece para sempre; não abandones as obras das Tuas mãos!" (Sl 138:8)

Pode ser desencorajador quando olhamos para trás e fazemos uma análise de homens disponíveis. Na verdade, as opções parecem muito similares, mas o que seus olhos veem e as experiências passadas não têm nada em comum com os planos de Deus e Sua habilidade em cumprir promessas. Talvez precisemos parar de olhar para a linha do horizonte da nossa racionalidade e focar nas promessas Daquele que sabe onde os bons homens se escondem.

A fé é a certeza naquilo que esperamos e certeza no que não vemos, de acordo com Hebreus 11:1. Sua esperança não pode estar em um homem ou nos demais que não conhecemos, ela tem que estar nas Palavras de Deus para você. Ele é o único homem que não mente. Se Ele disser, Ele o fará. Vá em frente, atreva-se a esperar novamente e saiba que Ele terminará qualquer projeto que tenha começado para você. Ele se certificará de que você tem o amor e o companheirismo de que precisa para viver uma vida alegre e produtiva. E isso, minha amiga, é fantástico!

◦ Notas de Deus sobre o amor ◦

"Ainda que eu fale as línguas dos homens e dos anjos, se não tiver amor, serei como o sino que soa ou como o prato que retine. Ainda que eu tenha o dom de profecia e saiba todos os mistérios e todo o conhecimento, e tenha uma fé capaz de mover montanhas, mas não tiver amor, nada serei. Ainda que eu dê aos pobres tudo o que possuo e entregue o meu corpo para ser queimado, mas não tivesse amor, nada disso me valerá. O amor é paciente, o amor é bondoso. Não inveja, não se vangloria, não se orgulha. Não maltrata, não procura seus interesses, não se ira facilmente, não guarda rancor. O amor não se alegra com a injustiça, mas se alegra com a verdade. Tudo sofre, tudo crê, tudo espera, tudo suporta. O amor nunca perece; mas as profecias desaparecerão, as línguas cessarão, o conhecimento passará. Pois em parte conhecemos e em parte profetizamos; quando, porém, vier o que é perfeito, o que é imperfeito desaparecerá. Quando eu era menino, falava como menino, pensava como menino e raciocinava como menino. Quando me tornei homem, deixei para trás as coisas de menino. Agora, pois, vemos apenas um reflexo obscuro, como em espelho; mas, então, veremos face a face. Agora conheço em parte; então, conhecerei plenamente, da mesma forma como sou plenamente conhecido. Assim, permanecem agora estes três: a fé, a esperança e o amor. O maior deles, porém, é o amor. Sigam o caminho do amor [...]" (1Co 13-14:1)

"[...] Amem os seus inimigos, façam o bem aos que os odeiam, abençoem os que os amaldiçoam, orem por aqueles que os maltratam [...] Então, a recompensa que terão será grande e vocês serão filhos do Altíssimo, porque Ele é bondoso para com os ingratos e maus [...] Sejam misericordiosos, assim como o Pai de vocês é misericordioso." (Lc 6:27,28; 35,36)

○ Mantenha a esperança viva ○

"E a esperança não nos decepciona, porque Deus derramou Seu amor em nossos corações, por meio do Espírito Santo que Ele nos concedeu." (Rm 5:5)

Nosso nível de felicidade irá depender de onde estão nossas esperanças. Se esperanças tardias ou não satisfeitas adoecem nosso coração, como permitimos que isso aconteça com a vida? Talvez estejamos esperando pela coisa errada. Talvez, tenhamos dito a Deus exatamente como satisfazer essa esperança. Talvez, em Seu sagrado conhecimento, Ele saiba que nossa visível solução não será a resposta àquilo que desejamos.

Ainda assim, continuamos a persistir, insistindo que Ele faça do nosso jeito, que nos dê aquele homem específico. Sabendo que não é qualquer homem que será um presente perfeito, Ele o reterá, esperando o momento certo para enviar aquele que realmente a fará feliz. Quanto tempo de nossa vida gastamos para obter o que tanto queríamos e depois acabamos ainda mais frustradas e deprimidas?

Se depositarmos nossas esperanças no Senhor, para que Ele nos dê o melhor – uma mistura do que Ele sabe que queremos com o que realmente precisamos –, nossa felicidade estará completa. É aí que a confiança a toma e o amor de Deus torna-se o suficiente até que Ele decida que esse amor deve vir por meio dos braços daquele que for escolhido para nos amar como Ele nos ama. Hummm... soa ótimo para mim, e definitivamente valerá a espera.

○ Mantenha a fé ○

"Porque em Cristo Jesus nem circuncisão nem incircuncisão têm efeito algum, mas sim a fé que atua pelo amor." (Gl 5:6)

Nós colocamos o carro na frente dos bois. A fé precisa estar em primeiro lugar e o amor em segundo. Por quê? Possuir amor sem fé nos levará ao sofrimento, sempre necessitando checar se o amor está lá. A beleza do amor, porém, é perceber que você se torna capaz de descansar nele. Ele se difunde em nossa vida de maneiras inegáveis quando temos fé. O amor é intangível em um aspecto: você precisa ter fé para aproveitá-lo. É como o vento: você não pode vê-lo, mas sabe que ele está lá. De vez em quando ele sopra suavemente em seu rosto, e às vezes ele bagunça seus cabelos e a refresca. Ele sopra em diferentes níveis e intensidades, mas ainda assim ninguém duvida de sua existência. É uma crença popular que o vento é real. Ele pode se manifestar a qualquer momento e o aceitamos, já que não podemos controlá-lo.

O amor é como o vento, nem todos os dias serão repletos de paixão. Ele diminui e aumenta. Sem fé, constantemente colocamos pressão para comprovar a existência do amor no coração das pessoas à nossa volta ou da nossa cara-metade. Não, em algum lugar do caminho, precisamos escolher a fé em lugar do amor. Devemos acreditar que ele está lá em quantidades infinitas, mesmo se o sentimos ou não. Então quando o amor do próximo não for aparente, o amor de Deus preencherá o vazio em nós, transbordando, até que nunca mais falte. A fé proclama que amor é... amor é... o amor simplesmente é. Ela retira a pressão de encontrar provas e nos leva ao lugar de descanso, dando imensa satisfação e alegria.

○ O idioma do amor ○

"Nisto conhecemos o que é o amor: Jesus Cristo deu a Sua vida por nós, e devemos dar a nossa vida por nossos irmãos [...] Filhinhos, não amemos de palavra nem de boca, mas em ação e em verdade." (1Jo 3:16,18)

Muitos dirão que se sentem amados por aquilo que outras pessoas fazem por eles. Tem aquele rapaz que se lembra alegremente do dia em que deu flores à sua garota, ou quando amenizou sua dor, ou até quando mudou seu caminho para fazer algo por ela. Ela vê esses momentos como expressões de amor verdadeiro, mas será que é mesmo? Algumas pessoas são ótimas por razões diferentes: para ganhar aprovação, provar seu valor ou obter algo de você em troca.

O verdadeiro idioma do amor é o sacrifício voluntário. Enquanto buscamos o amor de nossa vida, encontrar esse pensamento é algo raro. O quanto você está disposta a se sacrificar para ter o que quer? A vida que leva hoje pode acomodar os interesses de outra pessoa? E um sonho que interferirá na vida de quem você ama? Isso é importante e grande. Muitas mães perdem sua identidade quando deixam a carreira de lado para focar apenas no bebê que acabaram de ter. Pense naquilo que você está disposta a sacrificar por amor. Agora, traduza isso para atos de bondade na vida daqueles ao seu redor que estão disponíveis para ser amados.

O amor fala por meio de ações, não de palavras. Cada sacrifício, cada ato de doação é uma mensagem estrondosa do coração daquele doador que não precisa de explicação. Quem é capaz de argumentar com o sacrifício? Quem pode discutir com a bondade e a consideração? Quem pode duvidar do amor daquele que o dá incondicionalmente? Palavras são uma coisa, mas ações são superiores para revelarem o coração de Deus ao próximo. Se nós realmente amamos e não fazemos nada para demonstrar, então não só estamos mentindo para nós mesmas, como também para os outros.

Após aprender a linguagem do amor, você não terá dificuldades em traduzi-la para experiências reais onde quer que você esteja agora.

○ O amor em ação ○

"E vivam em amor, como também Cristo nos amou e se entregou por nós como oferta e sacrifício de aroma agradável a Deus." (Ef 5:2)

Todos os dias, recebemos incontáveis oportunidades de viver uma vida repleta de amor. Aproximar-se de alguém, animar um espírito, encorajar uma alma ou simplesmente elogiar alguém que nem está ciente da própria beleza. A habilidade de fazer alguém sorrir é incrível, é como dar flores a um estranho que ficará realmente maravilhado com essa grata surpresa.

Cristo veio com a determinação de libertar os prisioneiros, curar os doentes e feridos e resgatar toda a humanidade. Renunciar a Si mesmo era a linguagem do amor que Ele usava. Qual é a sua linguagem do amor? É convidando alguém para almoçar? Secando as lágrimas de um amigo? Fazendo um conhecido se sentir melhor? Se somos imitadores de Cristo, nossa linguagem do amor também deveria ser dar ao ponto de sacrifício. Às vezes, renunciar-se não será conveniente, mas tire esse tempo para escutar mesmo assim. Dar mesmo assim. Aproximar-se mesmo assim. Amar de qualquer forma. Essa sensação de dever cumprido, quando a boa ação é feita, será imensurável. O retorno é intangível, mas será sentido abundantemente. A alegria de conhecer a sua vida importa. Seu dom de amor importa... e, acima de tudo, importa porque você se tornou disponível para continuar a conversa que Deus quer ter com aqueles que a rodeiam... e por isso você é verdadeiramente amada.

○ Diminuindo a distância ○

"O Senhor conduza os seus corações ao amor de
Deus e à perseverança de Cristo."
(2Ts 3:5)

O amor e a perseverança andam de mãos dadas, pois todo amor deve ser testado. Ah, odiamos essa palavra! Ela soa julgadora, dolorosa e tudo o mais que detestamos. Ainda assim, é por essa razão que o amor deve ser firmemente enraizado em Deus primeiro. Quando nosso coração está fortemente consolidado em Suas amorosas mãos, ele se mantém seguro e a salvo de tudo aquilo que pode derrubá-lo, então seremos capazes de resistir às tempestades que o testarão. Permita que Deus e o conhecimento do amor que Ele tem por você fortaleçam sua determinação para amar com renúncia.

Lembre-se: o inimigo de nossa alma quer lhe roubar do amor que você deveria viver, quer destruir seu coração e matar suas expectativas de ter um amor divino em sua vida. Não deixe que ele o faça. Mantenha firme sua determinação de amar, não importa o quanto seja difícil e assustadora essa jornada. Saiba que você jamais sairá de mãos vazias ao ter uma experiência amorosa, sempre haverá uma lição preciosa em troca ou uma experiência que irá mudar sua vida. Tente ter a mesma determinação que Cristo teve para nos alcançar e abraçar.

O amor vai até o fim se necessário, ele resiste, atravessa caminhos difíceis e jamais desiste! Jesus não desistiu de nós, então não podemos desistir daqueles que estão ao nosso redor. Isso não significa ser explorada. Pratique o amor por meio de oração, exemplo, encorajamento e inspiração. Lembre-se, tudo aquilo que vale a pena valerá a luta. Não se desgaste pela batalha, renove-se com o amor que Deus gloriosamente disponibiliza a você e então volte a lutar.

◦ Viva abundantemente ◦

"Misericórdia, paz e amor lhes
sejam multiplicados a vocês." (Jd 2)

Se for de bom grado a seu Pai lhe dar o Reino, Ele então realmente quer que você viva as melhores coisas em abundância. Ele é generoso com o que mais desejamos – misericórdia, paz e amor. Aquilo que o homem não provê, Ele é capaz de fornecer até em excesso. Nunca há um depósito para armazenar essas tão desejadas graças quando estamos repousando em Seus braços.

Está se sentido vazia? Peça ao Criador do amor e do prazer que te dê uma nova carga. Ele é capaz de responder (e está disposto a isso) aos lamentos de seu coração e de satisfazer seus mais profundos desejos.

Por que Ele está disposto a manter essas maravilhosas bênçãos reservadas a nós? Pois sempre foi Sua intenção que as recebêssemos. E, lembre-se, se você orar pela vontade de Deus, essa será a oração que Ele atenderá. Então peça, e que seja sempre, por misericórdia, paz e amor – não apenas em pequenas quantidades, mas em abundância.

◦ Apenas espere ◦

"Mantenham-se no amor de Deus, enquanto esperam que a misericórdia de nosso Senhor Jesus Cristo os leve para a vida eterna." (Jd 21)

Aí vai um ótimo conselho. Enquanto espera por qualquer coisa, mantenha-se no amor de Deus! Pode ser um relacionamento de amor verdadeiro, uma promoção no trabalho, ou aquela oportunidade que você sempre esperou, a lista é interminável. Se você se mantiver em Seu amor, não se desgastará nem ficará ansiosa. Seu amor sempre presente lhe recordará de que Ele sabe o que é melhor para você e está trabalhando nisso. Se pedir a Ele por pão, com certeza Ele não te dará uma pedra. Às vezes, na pressa de apagar aquele fogo corrosivo de nossos desejos, selecionamos pedras esperando por pães. No entanto, Deus, em Sua onisciência, pode chamar uma pedra de pedra, mas Ele quer tanto lhe prover o melhor, que descartará as pedras em vez de dá-las a você.

Não, minha amiga, Ele, como Dono de um renomado vinhedo, jamais servirá nada antes da hora. Espere Nele e saiba que Ele a ama. Ele quer o melhor para você e não aceitará nada menos, mesmo que você aceite... Apenas espere.

Uma amiga me criticou certa vez, dizendo que esperar em Deus não é o mesmo que subir em seu colo e então espiar pelo ombro a cada cinco minutos para ver se aquilo que tanto deseja está chegando. Eu não quis dar ouvidos a ela naquele momento, mas é verdade. Esperar em Deus não é apenas gostar de estar no centro de Seu amor. É também servi-lo alegremente até se distrair. Sim, na verdade você pode se distrair dos próprios desejos e concentrar-se em adorá-Lo! O prazer Dele torna-se seu desejo e transcende todas as outras coisas pelas quais você tem esperado e orado. Enquanto seu coração entra em sintonia com Ele, certos desejos mudarão, e aqueles que estão de acordo com a vontade Dele serão satisfeitos. O resultado? Alegria. Aqui, agora e para sempre.

○ A verdade no amor ○

"Sobretudo, amem-se sinceramente uns aos outros, porque o amor perdoa muitíssimos pecados." (1Pe 4:8)

"Façam tudo com amor." (1Co 16:14)

Se estivermos motivadas por aquilo que queremos das pessoas, nosso amor oscilará para cima e para baixo a ponto de nos enlouquecer. Seremos cercadas pelas falhas do próximo e seus comportamentos decepcionantes conosco. No entanto, se nosso foco for apenas amar, a graça virá lidar com a fraqueza das outras pessoas e elas irão responder a essa graça com mudanças milagrosas.

Quando amamos incondicionalmente, libertamos as pessoas para serem elas mesmas. No amor, finalmente veremos que ninguém é feito apenas para suprir nossas expectativas e aceitaremos esse fato graciosamente. O amor não é cego. Ao contrário do que todos pensam, ele é realista e misericordioso. Ele não justifica o pecado, mas simplesmente reúne o que era ameaça e julgamento e os transforma em uma busca pela solução. Uma suave resposta afasta a ira, quando alguém ofendido é mais difícil de derrubar que um exército inteiro... Se viemos de um lugar de amor, mesmo que em correção, uma colher cheia de açúcar fará que o remédio desça mais facilmente.

Alguém a ofendeu? Fale a verdade do amor. Está decepcionada ou para baixo pela atitude ou pelo comportamento de alguém? Fale a verdade do amor. Parece que você está dando mais do que recebendo? Fale a verdade do amor e esteja aberta para a resposta do próximo. Você terá dicas em como medir a quantidade de opções.

Ame, mas dê aos outros tempo e espaço para lhe amarem. Não exija, não pressione, seja honesta com seus sentimentos e não repreenda os outros por aquilo que não são capazes ou não estão dispostos a fazer no momento. Liberte-os para amar. Veja a verdade e aceite-a carinhosamente. Fortaleça-se em vez de derrubar-se com críticas duras e cubra-as com encorajamento em vez de expor suas fraquezas. Esse será o trabalho do Espírito Santo e Ele o faz muito bem. Esse é um exercício de autodisciplina que poderá ser difícil às vezes, e a fará sentir-se sem poder, mas os resultados serão doces e duradouros. Seu coração saudável irá agradecer por isso. Você poderá perguntar irritada enquanto pondera a situação em sua vida: "Bom, o que uma garota deve fazer?". Minha resposta é: "Dê um passo para trás e ame, garota. Simplesmente ame e deixe todo o resto se encaixar ou desencaixar em sua vida".

Lembre-se acima de tudo
que Jesus é o Namorado da sua alma,
é Nele que todo amor começa e termina...

HOMENS...

Feliz
adj. singular.

1: Favorecido; bem-aventurado
2: Que tem felicidade interior, faceiro
3: Realizado; satisfeito
4: Que é conveniente, oportuno, favorável
5: Que usufrui da graça e da proteção de Deus

◦ Caindo na real ◦

Tudo bem, senhoritas, está na hora de cair na real. Vamos aos detalhes fundamentais. Chegou a hora da verdade, estamos prontas para falar deles, sim... dos homens. Humm, não podemos viver com eles, não podemos viver sem eles, nem podemos matá-los. Eles são reais, difíceis, misteriosos, mas não são tão complicados assim. Difíceis de mudar, sim, mas apenas porque talvez essa não seja nossa tarefa! O quão disposta você está para ter um relacionamento com uma dessas criaturas evasivas? Nós iremos descobrir.

Está na hora de termos uma perspectiva realista sobre homens, amor e nosso coração. Nós ficamos para baixo, para cima e já andamos o suficiente. No fim das contas, grande parte da culpa é nossa. Agora é o momento de sentarmos na cadeira do vencedor e ficarmos lá para darmos uma olhada em nossos desejos, fantasias e como as coisas realmente são. Então, se você estiver disposta, nós seremos honestas e realistas juntas. Espero que você saia disso com uma bagagem gigantesca de alegria e uma montanha de esclarecimento que definitivamente a libertará.

> "A luz raia nas trevas para o íntegro,
> para quem é misericordioso, compassivo e justo.
> Feliz é o homem que empresta com generosidade
> e que com honestidade conduz os seus negócios.
> O justo jamais será abalado;
> para sempre se lembrarão dele.

Não temerá más notícias;
seu coração está firme, confiante no Senhor.
O seu coração está seguro e nada temerá.
No final, verá a derrota dos seus adversários.
Reparte generosamente com os pobres;
a sua justiça dura para sempre [...]" (Sl 112:4-9)

◦ Sagrada totalidade ◦

"Disse o paralítico: 'Senhor, não tenho ninguém que me ajude a entrar no tanque quando a água é agitada. Enquanto estou tentando entrar, outro chega antes de mim'." (Jo 5:7)

A história conta sobre um homem que era paralítico desde os 38 anos em razão de uma doença. Jesus se aproximou dele e perguntou se ele desejava se curar. Em lugar da óbvia resposta "sim", o homem culpou sua situação pela falta de alguém para ajudá-lo a alcançar a plenitude. Ele se esqueceu totalmente do fato de que o segredo de sua plenitude e restauração estava bem à sua frente. Ele estava focado em um homem, focado em uma piscina, focado em tudo, menos em Jesus; assim, quase perdeu a libertação e transformação.

Hummm... No que você está focada? O que está te roubando da sua totalidade e felicidade? Você está paralisada pelo desejo de um homem para te tornar inteira? Negligencia o amor e a plenitude que estão disponíveis para você? Jesus está perguntando a mesma coisa: "Você quer ser completa?". O que responderá?

A plenitude não será encontrada em um homem ou nas coisas que possuímos em abundância, nem mesmo naquela piscina de amor que acreditamos que limpará nossas más experiências e feridas passadas após um mergulho. Um relacionamento de amor apenas trará novos ensaios e testes para superarmos com a ajuda de nosso Salvador. Não, minha irmã, a plenitude só poderá ser encontrada no relacionamento com nosso divino esposo, Jesus Cristo.

Sim! Ele é seu esposo! Ele saiu para lhe construir uma casa e realizar as promessas feitas. Enquanto isso, mandou para você o Melhor Homem, o Espírito Santo, para certificar-se de que tem tudo de que precisa até o Seu retorno. Ele não a deixará sem conforto ou desamparada. Talvez tenha procurado o amor nos lugares errados, isso aconteceu comigo. Olhe para Jesus, o Namorado da sua alma, e comece a cultivar uma relação íntima com Ele. Quando Ele a preencher com Seu amor espiritual, o amor terreno virá – de onde você sequer pode imaginar.

◦ Água viva ◦

"O fato é que você já teve cinco; e o homem com quem agora vive não é seu marido. O que você acabou de dizer é verdade." (Jo 4:18)

A samaritana que estava no poço também estava desiludida. Ela havia dado sua mente, seu corpo e até seu coração a muitos homens. Quando conheceu Jesus, já tinha escutado de tudo – cada conversa fiada –, e a Sua oferta de água que finalmente a satisfaria parecia ser apenas outra cantada barata. Primeiramente, ninguém mais era qualificado para curar as feridas mais profundas, não tinha nada a acrescentar além do próprio vazio e dor. Como aquilo que Ele tinha a oferecer poderia ser diferente do que todo o resto oferecera antes? Amor, segurança, uma bela casa, um futuro feliz, blá-blá-blá, para todo o sempre, amém...

Ela nem sequer queria ouvi-lo, já havia passado por muita coisa. Acreditava não merecer o amor que tanto desejara. Fora usada, abusada, estava cansada e aceitaria qualquer prêmio de consolação que encontrasse, esquecendo-se do objetivo de algum dia estar plenamente satisfeita. No entanto, Jesus estava determinado a capturar seu coração e então gentilmente persistiu. Algo no modo de Ele agir atraiu sua atenção, dando a ela uma última faísca de esperança. Ela provaria de Sua água. Afinal, já havia provado de tudo. Seria possível ficar ainda mais desapontada?

Ela não tinha nada. Um homem sim, mas, na realidade, nada. O homem ao seu lado não era um marido, mas Jesus não a condenou por isso. Ele amorosamente sabia a realidade da sua situação. Seis homens, e ela ainda estava sedenta, nada satisfeita. Nossa!

Algumas de nós já tivemos homens demais, muitos corações já foram partidos, espíritos enfraquecidos pela nossa própria sede que se recusa a ser satisfeita. Crescemos desiludidas e apáticas, falhando em acreditar que é possível encontrar amor a essa altura do campeonato. Temos muita bagagem, e muita dor para conseguir responder a alguém que possa estar realmente nos oferecendo a coisa real.

Jesus disse: "Venha e beba". Beba do amor que sempre esteve lá para você. Água corrente e infinita. Isso parece bom? A maioria de nós já experimentou procurar o amor em lugares errados, então me deixe te mostrar o lugar certo – o coração de Jesus.

Você não saberá discernir o verdadeiro amor até que o tenha sentido, só assim conhecerá a realidade. Aqueles que são treinados para identificar notas falsas jamais receberão dinheiro falso, pois são instruídos a estudar o item verdadeiro. Cada linha e cada recuo. Fazem uma análise tão minuciosa que no momento em que se deparam com algo falso não o deixam passar. O reconhecimento é certeiro. Para *ter* um amor verdadeiro você deverá *reconhecê-lo*, deve saber como é, com o que se parece e como soa. Só assim será capaz de reconhecer e distinguir imitações baratas. Cópias que só a deixarão mais sedenta e necessitada do que antes.

Não aceite nada menos do que aquilo vivido com Cristo – muita fé, paz, felicidade incalculável e verdadeiras bênçãos.

○ Perspectiva equilibrada ○

"Ele tomou o cego pela mão e o levou para fora do povoado. Depois de cuspir nos olhos do homem e impor-lhe as mãos, Jesus perguntou: 'Você está vendo alguma coisa?'. Ele levantou os olhos e disse: 'Vejo pessoas; elas parecem árvores andando'. Mais uma vez, Jesus colocou as mãos sobre os olhos do homem. Então seus olhos foram abertos, e sua vista lhe foi restaurada, e ele via tudo claramente. Jesus mandou-o para casa, dizendo: 'Não entre no povoado!'." (Mc 8:23-26)

Às vezes, estamos em um mesmo estado de espírito por tanto tempo que não conseguimos ver nada de forma diferente. Se a procura por um homem, que antes parecia estar próximo, agora se tornou uma imensa montanha cujo topo você não pode ver, é hora de sentir outro toque de Deus. Continue revisando o problema com Ele, quantas vezes precisar, pois uma vez pode não ser suficiente. Mantenha-se determinada a chegar ao seu ponto de equilíbrio e veja tudo sob a perspectiva certa.

Será que o problema com os homens não está tomando proporções muito grandes em seus pensamentos? Será que está lhe impedindo de enxergar o verdadeiro X da questão? Você está parando de viver e falhando em aproveitar tudo o que pode agora, pois está esperando pela alma gêmea que irá completar sua vida? Está na hora de sair disso e libertar-se.

Homens são maravilhosos e no momento certo eles podem ser um adicional incrível à vida que você e Deus criaram juntos, mas até lá há muito para aproveitar. Boa saúde, amigos incríveis e família. Incontáveis oportunidades de viver algo novo e interessante a cada dia. Mas se homens são como árvores em sua vida, você não será capaz de apreciar a vista.

Explore uma nova maneira de observar a vida hoje. Vá em frente e não olhe para trás.

Antes de se empolgar com a capa,
é melhor ler o conteúdo.

Preenchendo o vazio

"[...] Seu desejo será para o seu marido, e ele a dominará [...]." (Gn 3:16)

Quando Eva escolheu agir independentemente de Deus, subitamente notou o vazio que Sua falta criara. Era um espaço tão assombroso que nem Adão era capaz de preencher.

Ela não morreu por experimentar o fruto proibido, mas um sentimento pior que a morte acompanhou aquela primeira mordida. Ela experimentou uma morte interna – a morte de uma verdadeira conexão amorosa que só podia ser mantida pelo Espírito de Deus. Sofreu a morte dessa conexão e, mesmo sem entendê-la totalmente, descobriu que todos aqueles sentimentos maravilhosos de unidade eram completados por Deus, e não por Adão. Quando o Senhor pronunciou as consequências de sua desobediência, o estrago já estava feito.

Agora Eva desejava que Adão conseguisse preencher o vazio que antes era preenchido por Deus, e é obvio que ele nunca conseguiria tal façanha. Não fora criado para tomar o lugar de Deus no coração dela. Então, os desejos de que seu homem lhe trouxesse realização e satisfação a dominaram de uma forma tão arrebatadora que o sentimento passou a controlá-la. *O desejo por seu marido a controlou.* Lá ele surgiu e ainda é perpetuado até hoje. É importante saber que, por causa da morte de Jesus Cristo, esse destino não pertence mais a você. Seu desejo por intimidade com Cristo anula o vazio, e a coloca de volta no banco do motorista de seus desejos. Desejos não deveriam dominá-la, nem afetar seu nível de felicidade.

Quanto tempo, energia e estresse emocional você disponibiliza ao se preocupar em ter um companheiro? O quanto fala sobre um homem ou a falta dele? Seus amigos ficam em um silêncio desconfortável ou soam como um disco riscado quando comenta o assunto? Está na hora de pegar esses desejos e colocá-los no pé da cruz, onde eles não podem mais reinar sobre você. Permita que o Senhor preencha o vazio dentro de você, aceite a liberdade que tem agora e torne-se uma mulher independente Nele.

Lembre-se: "E os dois se tornarão uma só carne" (Mc 10:8). Na matemática de Deus, duas metades não formam um inteiro. Duas pessoas inteiras são capazes de se tornar uma. Duas metades resultam numa grande bagunça de um relacionamento que pode ou não passar pelo teste do tempo e dos julgamentos. Permita que Deus seja a resposta do que falta em sua vida. Complete-se, alegre-se e satisfaça-se. Assim, fique pronta para receber aquele que apenas pode adicionar mais alegria àquela que já mora em você.

○ Sozinha nunca ○

"Então o Senhor Deus declarou: 'Não é bom que o homem esteja só; farei para ele alguém que o auxilie e lhe corresponda.'" (Gn 2:18)

Interessante! Adão nunca disse para Deus que precisava de uma companheira. O Senhor decidiu isso na hora certa. Você está deixando Deus trabalhar dentro do próprio cronograma, ou deu a Ele um prazo final? Perceba, Deus não disse: "Não é bom para o homem ficar sozinho". Adão estava sozinho, tendo em vista que não tinha uma companheira, mas ele não era sozinho. Tem uma diferença aí, ele vivia na presença de Deus e não se sentia incompleto. Quando nós habitamos no Senhor, Sua divindade decide o que está faltando; assim, nós devíamos estar tão envolvidos em Sua suficiência que mal percebemos o que está faltando. Deixe-me lhe dar a verdadeira definição de solidão – a ausência de Deus. Você não irá sentir falta daquilo que nunca teve. No entanto, Adão nunca sentiu falta de ter uma companheira em sua vida, pois ele já tinha alguém – Deus.

Há uma paz que poucos conhecem: a alegria de estar na companhia do Senhor. Depois de experimentá-la, você não permitirá que nada nem ninguém a atrapalhe, ela a impedirá de aceitar qualquer um ou qualquer coisa para sua vida. Por quê? Porque, mesmo sozinha, você não está solitária.

Adão recebeu uma tarefa: seja produtivo, multiplique-se, controle cada coisa viva, e domine todas as coisas na Terra. Em outras palavras, complemente a criação de Deus, supervisione-a e mantenha tudo em ordem. Adão fez um bom trabalho, mas precisava de ajuda com a primeira parte da tarefa. Ele não seria produtivo e se multiplicaria por conta própria. Seria necessário que houvesse uma pessoa especial para andar em sincronia com Adão e ajudá-lo a cumprir a missão dada por Deus. Essa pessoa devia ser criada especialmente para ele.

Entenda que o homem que Deus escolheu para você recebeu uma tarefa. Ele passou toda a sua vida criando-a para ser a ajudante que irá servir seu companheiro. Deus também está trabalhando nele antes de unir vocês dois. Permita que o Senhor o treine, o arrume e o prepare para você. Isso não significa que ele será perfeito quando chegar. Completo, sim; perfeito, não. Em uma missão, sim; capaz de completá-la sozinho, não. Está entendendo isso? Casar e ter um companheiro não é apenas sobre você, mas sobre uma parceria para a glória de Deus e também para completar Seu plano. Enquanto isso, aprenda a discernir a diferença entre estar sozinha e ser solitária.

○ O par perfeito ○

"Assim o homem deu nomes a todos os rebanhos domésticos, às aves do céu e a todos os animais selvagens. Todavia não se encontrou para o homem alguém que o auxiliasse e lhe correspondesse." (Gn 2:20)

Quando damos apelidos a certas pessoas e circunstâncias em nossa vida, acabamos inventando coisas bem interessantes. Por exemplo, chamamos o cara errado de "cara certo", coisas inaceitáveis chamamos de "projeto"... Devo continuar? Qual a razão de todo esse exercício de apelidos? Isso deu ao homem a chance de praticar sua autoridade. Afinal, Deus não mudou nenhum nome depois que Adão os definiu.

Deixe que eu lhe conte algo, querida irmã. Se você quer chamar o cara errado de "cara certo", Deus não a interromperá. Ele lhe deu o livre-arbítrio e a autoridade para exercê-lo como quiser. Até você estar pronta para ouvir o que Deus tem a dizer sobre esse homem que conheceu, Ele a deixará apelidá-lo, nomeá-lo e incriminá-lo como desejar. Não confunda o silêncio de Deus com aprovação.

Sim, Adão nomeou os animais, mas era óbvio que eles estavam separados por espécies, e não havia nenhum semelhante a ele. Nenhum daqueles animais poderia ajudá-lo a completar a tarefa que Deus lhe deu.

Seu parceiro não apareceu? Talvez Ele ainda esteja nomeando os animais. Nós mesmas apelidamos alguns – cachorros, galinhas e monstros; quando o exercício acabar o veredicto é o mesmo –, mas nenhum apelido é adequado. Aceite isso e espere.

Não tente vestir um animal e transformá-lo em algo que ele não é. Chame uma espada de espada. "Essa pessoa não pode me ajudar a ser tudo que Deus me criou para ser." Chame-os do que eles são – "não é para mim" – e siga em frente na esperança de que Deus criou a espécie certa para você.

◦ Deixe descansar ◦

"Então o Senhor Deus fez o homem cair em profundo sono e, enquanto este dormia, tirou-lhe uma das costelas, fechando o lugar com carne. Com a costela que havia tirado do homem, o Senhor Deus fez uma mulher e a trouxe até ele. Disse então o homem: 'Esta, sim, é osso dos meus ossos e carne da minha carne! Ela será chamada mulher, porque do homem foi tirada.'" (Gn 2:21-23)

Então, depois que Adão nomeou os animais, ele notou que todos tinham seus pares, menos ele. Foi então que Deus o deixou descansar. Talvez esse seja o segredo para nós. Se você tem dificuldade em descansar, no que diz respeito a essa questão de companheiro, peça a Deus para ajudá-la a entrar em Seu descanso. Quando Adão dormiu, o Senhor foi ao trabalho. Essa pode ser uma parte do segredo, entregar para Deus! Ele fará um melhor trabalho quando você sair de Seu caminho.

Acredite, quando Ele garantir seu par, esse homem será perfeito. Não será criado para completá-la (isso já deve ter acontecido em Cristo), mas ele será uma peça do seu quebra-cabeça, aquela que falta para seu caráter e personalidade. Ele a levará a outro nível em seu relacionamento com Deus, pois, por meio desse homem, você aprenderá o segredo da verdadeira unidade. Ele será seu espelho. Sabe por que ele será capaz de refletir e revelar o que você é? *Porque ele a conhece.* Deus colocará um conhecimento de quem você é – seus desejos e necessidades – profundamente dentro dele e ele a reconhecerá como a costela que está faltando nele! Aquela que ele esteve procurando.

Você não precisará dizer que é aquela que ele esteve procurando, pois ele *saberá* instintivamente. Eva não chegou até Adão e disse: "Acorda, Adão. Deus disse que sou sua esposa!". Ela mal se encaixou nos moldes de Deus e mal pôde ser reconhecida. Sabia claramente que era um completo e desejável trabalho das mãos do Mestre, impressionante e belamente feita. Por que ele não iria querê-la? Ela era perfeita, designada para ajudá-lo, para ser uma extensão física do amor de Deus por ele, e o Senhor não acordou Adão nem um minuto antes de Eva estar totalmente pronta.

Como você acha que ele a reconheceu? Primeiro, Deus a ofereceu para ele, o que significa que o Senhor a exibiu. Não teria como negar isso. Não seriam necessários jejum ou oração, e que eles se tornassem amigos de uma forma espiritual para convencê-lo a aceitá-la. Eva veio completa com tudo aquilo que Adão notou que queria e precisava, e ela experimentou a alegria de ser reconhecida e escolhida por Adão.

Você está deixando Deus terminar de criá-la? Ou está refazendo o *design* Dele? Está mantendo o ritmo de treinamento para ser uma companheira adequada para seu marido? Já tem esclarecido seu propósito em ser mulher e em ser a criação do Deus Maior? Antes de procurar por um homem, seja perfeita no amor de Deus, conheça seu dever e esteja preparada para a missão.

○ De volta ao Jardim ○

> "O homem e sua mulher viviam nus, e não sentiam vergonha." (Gn 2:25)

Deve ter sido muito revigorante. Duas pessoas, Adão e Eva, um diante do outro, sem experiências passadas, sem nada para se sentirem culpados. Tudo que lhes restava fazer era aproveitar a Deus e um ao outro. Nenhum erro do passado ficava entre eles, nenhuma dúvida sobre suas autoconfianças, ou se eles realmente mereciam amor verdadeiro. Não havia uma mentira enraizada em suas psiques, maus exemplos de antigos relacionamentos fracassados, nada que pudesse abalar seu amor. Eles eram livres para apenas amar! Ninguém esteve em uma situação tão fantástica antes. No entanto, Deus está disposto a lavar, curar e restaurar o que foi destruído e machucado em nosso coração e nos dar novos começos. Ele é capaz de curar memórias e dizer palavras verdadeiras sobre quem somos estando Nele. Podemos voltar ao Jardim – completas, limpas, desavergonhadas, e não mais sobrecarregadas pelo nosso passado.

Para que falar de excesso de bagagem, dor, vergonha e outras coisas? Livre-se delas. Tire um tempo sozinha para ordenar essa bagagem e jogue fora as coisas que não poderão ser usadas para nutrir seu futuro e provável relacionamento saudável. Não arruíne um bom homem por causa do último péssimo homem que esteve em sua vida.

Deus deseja que sejamos transparentes com o homem que Ele nos apresentar. Vulneráveis, confiantes e abertas ao amor. Mas só chegaremos lá se permitirmos que o Espírito de Deus nos guie por meio de Suas águas geladas, nas quais poderemos descansar e restaurar nossa fé. Devemos retornar do Jardim, deixando os fardos para trás e apenas carregando um coração pronto para amar.

○ Algo de bom ○

"Quem encontra uma esposa encontra algo excelente; recebeu uma bênção do Senhor." (Pv 18:22)

Você é algo bom? É uma mulher coerente? Capaz de equilibrar negócios com prazer? Domina a arte do encorajamento? Pode fazer de sua casa um lar? Cozinhar uma refeição que abrirá as portas do coração dele? Está repleta de sabedoria e felicidade? Suas prioridades estão em ordem? Suas finanças estão controladas? Pode acrescentar algo à vida dos outros? É capaz de deixar um homem ser um homem? Gosta de ser uma mulher?

De que maneira um homem conseguirá um favor do Senhor? Tendo a mulher certa ao seu lado. É por meio de seu encorajamento, inspiração e resistência silenciosa que o homem pode ser mais daquilo que Deus o criou para ser. A mulher cria um oásis para sua mente, um lugar para renovar o espírito e descansar o coração. É um agradável jardim para seu corpo. Com todas essas regalias, um homem está preparado para encarar o mundo. Sua cabeça está em ordem, e assim todos os seus assuntos também estão. Ele passa a ser conhecido como um homem de caráter, integridade, excelência, e ganha apoio de todos. E o que você ganha com isso? Aproveite essa prosperidade e as bênçãos que suas boas virtudes trarão, será um bom e justo pagamento pelo seu trabalho.

Uma boa mulher se encaixa ao seu homem. Ela sente seu humor e sabe como acalmar a besta selvagem. Cobre seu homem de orações, intercedendo por ele diariamente. Ela o anima, incentiva e delicadamente o incita a cruzar a linha de chegada. Ela sabe estimular todos os seus sentidos, tem toque suave, o faz saborear os melhores pratos, cheira bem, é linda e sua voz é música para seus ouvidos.

Você está cultivando essas características (não apenas para ele, mas para si mesma)? Há algo irresistível em uma mulher feminina. Ela aprecia a experiência de ser quem é e todos são atraídos por ela sem saber a razão. Eles apenas dirão: "Eu não sei... ela tem algo de diferente". Por sua vez, o homem de sua vida a amará por isso. Em razão da obediência dele a Deus, ele atenderá imediatamente às ordens do Senhor de como tratá-la; e, por sua pronta obediência, Deus atenderá a suas preces. É verdade, são as pequenas coisas que trazem grandes recompensas.

Então, seja algo bom. Curta o processo de cultivar características que irão te fazer um catalisador para que seu homem seja coberto de graças.

Uma mulher empoderada

+

Um homem empoderado

=

A glória de Deus sendo amplamente manifestada na Terra

○ Esteja aberta ○

Então voltou os olhos para o céu e, com um profundo suspiro, disse-lhe: 'Efatá!', que significa: Abra-se!" (Mc 7:34)

Que tipo de homem você está procurando? Essa é a questão. O quão aberta você esteve a opções diferentes? Uma coisa que sei sobre Deus é que Ele nunca age conforme o esperado. Então, esteja aberta. Toda mulher que conheço, que é bem casada, diz a mesma coisa: "Garota, ele não era o que eu estava procurando. Eu jamais acreditaria que seria tão feliz ao seu lado".

Uma revista publicou uma matéria a respeito de como mulheres mais velhas eram felizes estando com homens mais jovens. Mais e mais pessoas estão cruzando fronteiras éticas, faixas etárias e padrões de denominação. A justificativa de que as escolhas são limitadas acabou. Não podemos diminuir nossos padrões, mas podemos expandir nossas opções.

Leve em consideração o que você *precisa* versus o que pensa que *quer*. Você pode *querer* um homem rico, mas o que *precisa* realmente é de um homem que a ame. Ele pode não ser o superpoderoso magnata dos negócios, mas é um homem seguro que beija o chão em que você pisa. Seja a mulher que Deus a criou para ser, e torne-se o instrumento da prosperidade de seu homem.

Isso me lembra da história de uma executiva de sucesso que se casou com um jardineiro. Ela conheceu esse doce e sensível homem que a amou profundamente e casou-se com ele. Mesmo causando desgosto a amigos e a seu círculo social, ela não se importou, pois queria mesmo era um homem que estivesse à sua espera quando chegasse em casa, e estava feliz assim. Depois de casados, começou a encorajá-lo a expandir suas técnicas de jardinagem, pela sua ótima visão. Esse jardineiro se tornou proprietário de um grande negócio de paisagismo – ele se tornou um homem de sucesso.

A moral da história? Deus raramente nos dá um produto finalizado. Ele nos fornece diamantes brutos, daqueles que o brilho intenso ainda não é visível. Então, Ele nos disponibiliza os ingredientes e as ferramentas para transformá-los em algo lindo. Esteja sempre aberta às incríveis possibilidades.

Faça este simples teste:

O que você quer?

- ♂ Alguém bom.
- ♂ Alguém bonito e carismático.
- ♂ Alguém bem-sucedido.

♂ Alguém inteligente.
♂ Alguém com bom senso de humor.
♂ Alguém romântico.
♂ Alguém interessante.

Do que você precisa?

♂ De alguém que ama, escuta e obedece a Deus.
♂ De alguém honesto e sensível.
♂ De alguém responsável.
♂ De alguém estável.
♂ De alguém trabalhador.
♂ De alguém que deseja ser um marido e um homem de família.
♂ De alguém que a ama e estima acima de tudo, exceto Deus.

Itens a considerar

♂ Em geral, com algumas exceções, aquele poderoso homem de sucesso estará muito ocupado sendo bem-sucedido para lhe dar o amor e a atenção que você tanto quer. Está disposta a sacrificar o tempo que ele não será capaz de dedicar a você?

♂ O homem que é inquieto, agitado, não está procurando por alguém inquieta, agitada, mas uma mulher que esteja lá quando ele finalmente resolver sossegar. Você é essa mulher ou tem os próprios sonhos que gostaria de realizar com um companheiro, se não tivesse apoio?

♂ Homens de sucesso geralmente são vencedores pelas seguintes razões:

♂ Ou eles são guiados por inseguranças e medo de falhar, ou suas aspirações são formas de compensar assuntos mal resolvidos;

♂ Eles renderam-se à visão de Deus para a própria vida e prosperaram por meio de Seu direcionamento ou obtiveram encorajamento daqueles que Deus colocou em seus caminhos.

Após definir em qual categoria ele está, seja realista sobre quanta energia será voltada para as metas dele, não para você. Está disposta a dividir esse homem com suas metas? Então, quer um parceiro para a vida e companheiro, ou um marido e benfeitor? Estou só perguntando, amiga!

○ Joias disfarçadas ○

"Perguntou Natanael: 'Nazaré? Pode vir alguma coisa boa de lá?'. Disse Filipe: 'Venha e veja'." (Jo 1:46)

Lembre-se de que Jesus, por se tornar um homem em sua encarnação, parecia-se como outro homem qualquer. Ele se misturou à multidão e, de fato, até onde todos sabiam, era pobre. Nada de roupas suntuosas, nenhum lugar para recostar a cabeça. Nem uma casa?! Ele tinha de pescar para pagar impostos e não possuía emprego fixo. Ainda assim, era o Rei dos reis e o Senhor dos senhores na forma de um homem comum. Esse seria um homem interessante para você?

Se isso não for um exemplo prático, eu não sei o que pode ser. Muitas mulheres eram atraídas por Ele. Por quê? Ele era atencioso, sensível, sábio, forte, gentil e atento aos seus desejos mais profundos e secretos. Ele as tocava como nenhum outro homem. Era compreensivo, não as reprovava por seus erros do passado, e elas sabiam que eram amadas. Ele estava disposto a morrer por elas.

Isso sim é um homem que eu poderia amar! Por que não encontramos mais homens assim? Talvez porque não venham no pacote que esperamos ou queremos, afinal mal o notamos da primeira vez. Decente, trabalhador, quieto, nada glamoroso... humm, uma joia disfarçada que precisa do toque de uma mulher. Você já reparou que a maioria dos homens casados é mais atraente do que os solteiros? Suas esposas sempre dizem a mesma coisa: "Relaxe, ele não era assim quando o conheci!". Pare de procurar pelo pacote pronto.

Não há nenhum, não importa o quão velhos eles sejam! Destrua essa fantasia e passe a examinar o coração de um homem antes de descartar um tesouro nada óbvio. Acredito que muitas mulheres seriam mais bem casadas se seguissem esse conselho.

Será que estamos ignorando modelos parecidos com Jesus todos os dias, pois não se parecem ou não se vestem do jeito que gostaríamos? Não são interessantes o suficiente? Como você sabe? Tirou um tempo para cavar além da superfície? Pode haver água corrente nas profundezas. A Bíblia nos diz que, quando virmos nosso marido Jesus novamente, será algo maravilhoso de se olhar. Acredito que ver o olhar de amor em Seus olhos nos fará achá-Lo ainda mais lindo. Somos belamente criadas pelo Seu sacrifício por nós, e seremos perfeitamente criadas por Sua presença e glória. Pelos olhos do amor, homens comuns tornam-se lindos, e ainda mais lindos quando nos cobrem com seu amor. Já notou o brilho no rosto de alguém que está profundamente apaixonado? Acho que já falei o suficiente. Até estarmos unidas com nossos parceiros, estamos em construção – somos um trabalho em progresso. Atreva-se a deixar aquela lista de desejos para trás, caia na real e cave mais fundo. Você poderá ficar surpresa com o que vai encontrar.

Minha mentora e amiga P. Bunny Wilson (autora do livro *Knight in Shining Armor**) sempre me diz que a maioria das mulheres já conhece seus parceiros. Hummm... você tem ignorado um amigo que adora porque ele não é seu tipo? Posso perguntar qual é o seu tipo exatamente? O seu tipo é aquele tipo de cara que se comprometerá com você?

Isso me fez recordar de uma piada. Durante uma grande enchente, um homem clamava pela ajuda de Deus: "Oh, Senhor, me salve!". Quando a água chegou a seus pés, um senhor em uma canoa passou e o convidou para embarcar. A resposta foi: "Não, obrigado, Deus vai me salvar". Quando a água já estava na cintura, vieram dois jovens em um barco oferecendo ajuda. E a resposta foi a mesma: "Não quero. Deus vai me salvar". Quando a água ia chegando ao pescoço, passou um helicóptero resgatando as últimas pessoas, e alguém gritou para que o homem subisse na corda. Mais uma vez o teimoso respondeu: "Já disse que não quero. Deus vai me salvar". Assim o homem morreu e, quando chegou ao céu, foi logo reclamando com Deus: "Puxa... eu confiava no Senhor. Por que me deixou morrer?". E Deus

----

* Cavaleiro em armadura reluzente (tradução livre). (N. E.)

respondeu: "Meu filho, mandei-lhe uma canoa, um barco e um helicóptero... O que mais você queria que eu fizesse?".

Será que não estamos orando por um parceiro e, quando Ele nos manda um candidato, simplesmente o jogamos para escanteio, dizendo: "Não, Deus, esse não!"? De novo, só estou checando...

Você pede por um copo de água, e eu lhe dou água em um copo que não foi de sua escolha. Você deixará de bebê-la por isso? Não confunda a água com o copo. A água é aquilo de que você precisa e o que deseja. O copo pode ser limpo, pintado ou diferente.

○ A loucura do amor ○

"Há três coisas misteriosas demais para mim, quatro que não consigo entender: o caminho do abutre no céu, o caminho da serpente sobre a rocha, o caminho do navio em alto-mar, e o caminho do homem com uma moça." (Pv 30:18,19)

É impressionante como uma águia se mantém no alto do céu, mesmo não batendo suas asas; ela simplesmente vai com a correnteza dos ventos. Como uma cobra se mantém no topo da montanha? Ela é escorregadia, e as pedras também. Como um barco se mantém flutuando sobre a água? Nós frequentemente perguntamos como é possível um objeto tão pesado flutuar sobre uma superfície que não é sólida. Tenho certeza de que, se aviões tivessem sido inventados antigamente, Salomão teria mencionado como é impressionante o fato de eles poderem voar. Da mesma maneira, homens e mulheres são muitas vezes difíceis de compreender e, em outros momentos, desafiam a lógica! Nenhum homem é igual, tampouco mulheres são iguais. Em momentos duvidosos, chocantes e absurdos, o amor floresce apesar de toda uma guerra contra seu sucesso.

Mesmo usando a cabeça no amor, você não deve intelectualizá-lo. O amor desafia a lógica, assim como a existência de Deus, e algumas de Suas ações frequentemente desafiam o senso comum e nosso entendimento. Apesar de nosso pecado, Ele nos ama e nos quer para Si. Ele ama o não amável e vê o valor no que está quebrado. Aproveita o que foi descartado e valoriza o que não é qualificado. Enxerga além dos nossos defeitos e vê nossas necessidades. Seus caminhos são inescrutáveis.

O caminho do amor é o caminho de Deus. O amor cobre uma variedade de atalhos, pecados e tudo aquilo que é egoísta e ganancioso. Amor, quem pode entendê-lo? Ele enxerga além de nós, de todos os nossos pecados, dúvidas e "ismos", e apenas ama de qualquer modo. Pode ser doloroso, hilário, relaxante, terrível, compulsivo ou irrestrito. É muito complicado. O mundo o reduziria a uma simples explosão de sentimentos que podem mudar a qualquer momento ou até mesmo acabar. Para o crente, porém, é muito mais que isso. O amor de Deus nunca falha ou desiste. Ele é um comprometimento a manter-se firme, sólido, resistente, nutridor e focado em satisfazer o objeto de nossa afeição, independentemente de qualquer coisa. Mesmo quando os sentimentos estiverem acabados, o comprometimento com o amor permanecerá.

Como fazer isso? Confie no senhor com todo o seu coração e não o simplifique apenas ao nosso entendimento, mas até onde os provérbios bíblicos chegarem. Quando você não conseguir entender um homem, entregue-o para Deus e permita que Ele lhe mostre o cerne da questão.

Como somos filhos da Luz, nunca teremos a necessidade de andar na escuridão da dúvida, frustração e preocupação. Quando chegarmos ao fim de nosso entendimento, o conhecimento e a sabedoria de Deus estarão lá para nos encontrar. Ele irá expor o que estiver escondido, nos dará soluções práticas, carregará por caminhos difíceis do relacionamento e restaurará a alegria de amar.

Amor... Quem pode entendê-lo? Deus pode.

◦ Alimento para a alma ◦

"Com a sedução das palavras o persuadiu, e o atraiu com o dulçor dos lábios. Imediatamente ele a seguiu como o boi levado ao matadouro, ou como o cervo que vai cair no laço até que uma flecha lhe atravesse o fígado, ou como o pássaro que salta para dentro do alçapão, sem saber que isso lhe custará a vida." (Pv 7:21-23)

Garotas, devemos ter cuidado ao usar nosso poder com homens. Se uma mulher é capaz de seduzir um homem a fazer a coisa errada, você deverá considerar seduzir um homem a fazer a coisa certa. Não induza o homem à morte, mas, sim, à vida. Deus a deixará no comando. Pouco fez a mulher em Provérbios e mal sabia ela que estava simplesmente preparando o próprio caminho para a morte também.

Não há dúvidas de que essa era uma mulher solitária, provavelmente casada com um homem de negócios que citei anteriormente. Talvez, seu marido estivesse fora em uma viagem de negócios e, independentemente de tudo que ele deu a ela, como uma casa fabulosa com incríveis adornos, ela foi à procura de amor em todos os lugares errados e encontrou alguém perfeitamente apropriado a ela. Ela se aproximou dele, o levou para sua casa... E o resto você já sabe. Na minha imaginação, eu os vejo na manhã seguinte, ele partindo sem promessa de retorno, e aquela música na cabeça: *Will You Still Love Me Tomorrow?*.* Isso resume tudo. Ah, a agonia de viver na incerteza sobre o amor! De início, sempre dando mais do que recebendo, encontrando pequenas amostras de prazer e então começando a se sentir usada, roubada e descartada. É um fardo muito pesado para suportar. Ela retorna à sua casa vazia, sentindo-a ainda mais vazia. Ainda não recebendo o amor que deseja. Quando você se entrega aos prazeres da carne, tudo que receberá é uma satisfação temporária e seu espírito sofre. "Isso é tudo? Tem que haver algo mais...".

Essa é a consequência de não seguir o mapa do amor que Deus desenhou para você. Como mulheres de Deus, devemos conduzir nossos homens a patamares mais altos no Senhor, onde eles irão encontrar vida e amor verdadeiro para dividir conosco. Se seu desespero por um companheiro a leva a colocar mais foco em você do que nas coisas de Deus, isso acabará em uma bagunça que não a levará a lugar algum. Lembre-se, Deus em primeiro lugar e o restante em segundo. Um homem comprometido com Deus será comprometido com você, e um homem que não parte o coração de Deus não partirá o seu. Estabeleça o curso de seu relacionamento uma vez que ele expressou interesse, como o verso disse: "O homem aceitou o convite da mulher".

....
* Você ainda me amará amanhã? (tradução livre). (N. T.)

Sim, é provável que a primeira coisa a chamar a atenção dele sejam as qualidades externas. Homens são guiados pela visão, porém a atração física rapidamente passará. O que o fará *ficar* são qualidades internas, a luz que vem de dentro. Permita que ele se apaixone pelo Deus em você, antes de distraí-lo com todas as coisas que pensa que deve oferecer a ele para atrair sua atenção. Mesmo com nossas limitações, pensamos ter muito a oferecer, mas o estoque de interesses e prazeres fornecido por Deus é infinito. Ele nos permite tocá-los para manter o amor revigorante e excitante.

Seja realista, sempre haverá alguém mais bonita e inteligente do que você. Então tenha algo único, apenas seu. Desenvolva sua capacidade de encorajá-lo e o faça se sentir bem consigo mesmo quando estão juntos. Homens se apaixonam com base no que sentem quando estão ao seu lado. Portanto, dedique-se a ele de forma duradoura e certifique-se de colher um alegre retorno. Alimente seu espírito e sua mente. Faça que ele deseje sua presença, dando-lhe vida.

∘ Pureza sob pressão ∘

"Você é um jardim fechado, minha irmã, minha noiva; você é uma nascente fechada, uma fonte selada. De você brota um pomar de romãs com frutos seletos, com flores de hena e nardo, nardo e açafrão, cálamo e canela, com todas as madeiras aromáticas, mirra e aloés e as mais finas especiarias. Você é uma fonte de jardim, um poço de águas vivas, que descem do Líbano." (Ct 4:12-15)

Secretamente, homens se alegram quando encontram uma mulher que vive na pureza, guardando-se para eles. Talvez isso seja uma questão de ego que têm por ter algo que ninguém mais teve. Isso é um achado. Esse grande detalhe faz o valor de uma mulher disparar mais rápido que o mercado de ações em um bom dia. Muitas já não são mais virgens, mas não há razão para preocupações. Saiba e acredite que você foi restaurada a essa condição novamente pelo sangue do Senhor e agora lhe cabe manter essa condição.

Isso é um jardim trancado, um lugar de prazeres secretos na mente dele, cheio de coisas maravilhosas e incríveis a serem descobertas. Ele estava ansioso pelo dia em que poderia provar o fruto do amor dela, tocar sua paixão e senti-la derramar-se sobre ele. Opa, opa! Isso nos dá uma dica do próximo item que indica o valor de uma mulher a um homem. Seu mistério. Alguém já lhe contou o final de um filme antes de você assisti-lo? Acabou estragando, certo? Bom, quando você dá tudo que tem rápido demais, incluindo seu corpo, isso tira o clima do amor.

Tira a diversão e também diminui seu valor e o interesse dele.

Essa mesma mulher tem irmãos que a perguntam em Cânticos se ela era uma porta ou uma parede. Se era uma porta e tinha deixado outro homem entrar, eles iriam cercá-la com um cedro, sendo isso uma forma de dizer que a colocariam para morrer! Mas, se ela fosse uma parede, não deixando nenhum homem transpassá-la, eles a honrariam com uma torre de prata. Vê a diferença de valores? No ponto de vista deles, uma valia apenas para descarte e a outra merecia um grande prêmio. Ela orgulhosamente nomeou-se como parede e seus seios eram como torres, pois eles seguravam sua cabeça firmemente sem nenhuma vergonha. Ela trouxe contentamento ao seu marido, pois era de confiança.

Quer conseguir um homem? Permita que ele veja o Espírito Santo trabalhar em sua vida e atraia-o com sua santidade. Deixe que a própria imaginação o leve a lugares que você não pode ir. Quer manter um homem? Mantenha seu jardim trancado até que ele se comprometa, sob a visão de testemunhas, a cuidar de tudo que há nele.

∘ Escolhas íntimas ∘

"Vocês não sabem que os seus corpos são membros de Cristo? Tomarei eu os membros de Cristo e os unirei a uma prostituta? De maneira nenhuma! Vocês não sabem que aquele que se une a uma prostituta é um corpo com ela? Pois, como está escrito: 'Os dois serão uma só carne'. Mas aquele que se une ao Senhor é um espírito com ele. Fujam da imoralidade sexual. Todos os outros pecados que alguém comete, fora do corpo os comete; mas quem peca sexualmente, peca contra o seu próprio corpo. Acaso não sabem que o corpo de vocês é santuário do Espírito Santo que habita em vocês, que lhes foi dado por Deus, e que vocês não são de si mesmos? Vocês foram comprados por alto preço. Portanto, glorifiquem a Deus com o seu próprio corpo." (1Co 6:15-20)

Um fato estranho sobre seu corpo. Primeiro, ele nunca pertencerá apenas a você. Neste momento ele pertence a Deus, que pagou por ele. Caso se case, seu corpo pertencerá ao seu marido. Quando deixam algo que não lhe pertence aos seus cuidados, você tem que ter uma atenção extra. Ninguém quer devolver ao dono algo que não foi bem cuidado. Cuide do seu corpo como se ele fosse algo muito precioso – pois ele o é. Quando você visita um museu, artigos valiosos são mantidos em vitrines ou fortemente vigiados, contendo uma placa com os seguintes dizeres: "Favor não tocar". O óleo de nossas mãos deixará resíduos na pintura ou na peça, alterando-as, causando desgaste com o tempo e provocando a sua desvalorização. Para preservar a peça e manter seu valor, os admiradores devem contemplá-la a distância.

Em segundo lugar, você está conectada com quem quer que seu corpo pertença. Isso se chama conexão espiritual. Estamos ligadas a Deus por essa união por meio de Jesus Cristo. Tudo que somos e possuímos pertencem a ele. É por isso que, ao Seu ver, fornicação é adultério. Você deu seu corpo a alguém que não foi a escolha Dele para amá-la em um casamento comprometido.

Quando você dá seu corpo a um homem, está conectada a ele. Se Deus não é a cola que une essa relação, em algum ponto esse fraco elo que vocês dividem pela carne irá se partir, deixando seu espírito despedaçado. Por satisfazer-se sexualmente ser algo de sua escolha, você causará danos a si mesma. Após essa conexão espiritual ser partida, sentirá o que na medicina é chamado de "Síndrome do Membro Fantasma". Ela é descrita como uma sensação vivida quando a pessoa tem um membro cortado ou amputado. Isso acontece em uma união sexual, quando dois tornam-se um em um corpo e espírito. Quando um decide partir, ele está cortando uma porção do espírito do outro. A dor é lancinante e sentida por infinitas noites de choro.

Se isso é o que você sente agora, aceite essa dor e a entregue para Deus. Entenda que a lamentação pode durar a noite toda, mas a alegria virá pela manhã. Espere pela cura e não tente se reconectar a essa pessoa para fazer a dor cessar. Isso trará mais dor. Não há atalhos no processo de cura. Caminhe com Deus, que é capaz de acalmar e curar todos os cantos desgastados da sua alma e de suas emoções. Continue derramando suas tristezas até que Ele acabe com elas. Continue de olho na luz no fim do túnel e viva um dia após o outro até que alcance a plenitude.

Em terceiro lugar, você não está sozinha nessa casa chamada seu corpo. O Espírito Santo reside lá, envolvido com qualquer coisa que você faça com seu corpo. Intimidade sem consentimento é uma violação. O Espírito Santo nunca consentirá com sexo fora do casamento. Tenha isso em mente e escolha não ir contra Seus desejos nem O entristeça arrastando-O para algo que não O satisfará. Isso é um assunto delicado, mas devemos nos manter sóbrios para os dias que virão conforme cansativas ameaças se manifestam e a tentação aumenta. Isso é sobre autopreservação e levar uma vida alegre. Tenha uma cabeça feita sobre não se comprometer, ou você pagará caro.

Lembre-se, não importa para quem ceda, isso a tornará uma escrava. Rendição é um ato de adoração. Para aquelas que não se encontram em uma relação, tenham em mente que vocês não devem se unir a um homem até ele estar comprometido em uma união matrimonial. Até lá, caminhe como uma mulher bem protegida e consciente de que seu corpo pertence a um Rei e que ninguém merecerá sua coroa de brilhantes até pagar seu preço.

Um papo honesto sobre a palavra que começa com "S"

(Você entendeu, sexo!)

Deus o criou, Satanás o perverteu.

Como a *expert* em relacionamentos P. Bunny Wilson diria, "sexo é bom quando é sexo seguro". Isso significa que Deus senta-se no pé de sua cama e aplaude essa união no ninho do casal, libertando-a para estar nua e desavergonhada na sua celebração do amor.

Sexo antes do casamento afeta negativamente o fator de confiança depois do casamento. Autocontrole constrói confiança no caráter um do outro.

Autossatisfação tornará ainda mais difícil para seu parceiro agradá-la. Ele nunca será capaz de imitar o que seu corpo cresceu acostumado a receber.

Não comece nada que não possa terminar, pois provavelmente você o fará.

Sexo oral, como o título sugere, é sexo, caso você esteja se perguntando. Não é uma opção enquanto espera.

Você não apenas criará uma conexão espiritual com a pessoa com quem fizer sexo, mas também criará uma dependência física que pode ser até mais forte que seu envolvimento emocional com ele. Dessa forma, continuará voltada para um homem que sequer gosta, pois foi fisicamente fisgada. Veja essa decepção e corte esse fio.

Intimidade sem comprometimento não é uma promessa, mas uma mentira.

○ Como lidar com a explosão de hormônios ○

"Portanto, irmãos, rogo-lhes pelas misericórdias de Deus que se ofereçam em sacrifício vivo, santo e agradável a Deus; este é o culto racional de vocês." (Rm 12:1)

A resposta é simples: vá mais fundo na adoração ao Senhor. Para tudo no natural há um espiritual correspondente. Deus não deixará nada faltar a você. O que é sexo? O que é adoração? Eles são ambos o ato de dar tudo de si e tudo que tem para quem ama. Adoração é o ato de esquecer-se de si mesma e concentrar-se completamente em Deus, o primeiro e mais importante objeto de nossa afeição. Enquanto busca agradar Seu coração com adoração e louvor, deleitando-se Nele, tudo que lhe faz falta será esquecido. A verdade e a adoração são os lugares onde Deus alcançará para preencher os espaços vazios dentro de você. Nossos desejos por amor, satisfação, paz, alegria e intimidade serão satisfeitos quanto mais nos aproximarmos Dele. Quanto maior essa aproximação, mais aprendemos sobre Ele. E, na verdade, conhecê-Lo é amá-Lo. Mas vai muito além disso.

Na Bíblia do Rei Jaime, referindo-se a uma união sexual divina, é repetidamente dito "e ele conhecia ela". Ela fala de uma profunda intimidade quando os dois estão nus e desavergonhados, sem nada a esconder, estando completamente vulneráveis e transparentes um ao outro. "Adão conhecia Eva e ela concebeu."

Quando "conhecemos" a Deus, nos tornamos vulneráveis e transparentes diante Dele em louvor e adoração, derramando tudo que há dentro de nós para Ele. Concebemos o fruto do Espírito e pregamos Cristo e suas características ao mundo.

Esse é o lado espiritual da coisa. O lado natural do que me leva a encorajá-la a louvar quando você acorda no meio da noite e sente que seu corpo está participando de uma festa sem saber que foi convidado é porque a adoração redireciona seus pensamentos. O corpo deve submeter-se à mente. Devemos capturar nossas imaginações e submeter os pensamentos ao Senhor. Ao fazer isso, Ele preencherá nossa mente com paz, realização e satisfação. O corpo então se acalmará. E por quê? Porque a glória de Deus ofuscará os desejos da carne quando voltarmos os pensamentos para o céu, em direção ao Namorado de nossa alma, e entregarmos todos os nossos desejos a Ele.

Portanto, na sua solteirice, dê tudo a Deus. Há um lugar em que você pode ir para adorar, onde se sentirá consumida, porém satisfeita, completamente suprida pela plenitude de Seu Espírito nessa comunhão íntima. Alcance mais alto, cave mais fundo, permaneça mais em Sua presença, deixe-O cobri-la e preenchê-la com Seu amor, descanse em Seus braços e tenha uma boa noite de sono.

◦ Consiga o próprio homem ◦

"Mas, por causa da imoralidade, cada um deve ter sua esposa, e cada mulher o seu próprio marido." (1Co 7:2)

Farei uma ênfase diferente da Escritura. Cada mulher deve ter *o próprio marido* e o de mais ninguém. Serei rápida ao mencionar esse assunto e seguiremos em frente. A grande palavra que começa com "A", *adultério*, é um grande não, não, nunca! Eu fico triste em ver, em igrejas da região, mulheres cobiçando o marido das outras, orando pelo fim do casal. Estou certa de que você não conhece ninguém nessa situação, mas eu sim. E tenho apenas uma coisa a dizer: "Pare!". Você está entrando em terreno perigoso e indo diretamente a uma desgraça excruciante e um coração partido.

As justificativas para boas irmãs que se encontram nessa situação são incontáveis. Primeiro, a própria vulnerabilidade está alta e o diabo a convenceu de que, em razão da escassez de homens, ou o seu está na prisão ou já é casado. Não é necessariamente assim; só porque não o viu, não significa que ele não exista. Em segundo, algum homem casado começa a lhe dar a atenção de que tanto sente falta. Ele começa a dividir os problemas que tem com sua esposa e apresenta uma terrível imagem de sua tortuosa e nada amorosa vida conjugal. Você pensa consigo mesma: *ele não está feliz, ele mal existe nesse casamento que já acabou há muito tempo.* Ah! Por favor! Essa conversa já é tão velha que ela não é mais chata, ela é *insuportável*. Com todas as mulheres as quais já aconselhei, o discurso era exatamente igual. Então, o inimigo vem sussurrando que esse homem casado merece coisa melhor e você é essa coisa melhor. Você saberia como amá-lo do jeito que ele precisa e merece... E o resto você já conhece. Então, vamos lá...

○ Dicas para evitar um adultério ○

1. Conheça a própria vulnerabilidade.

2. Ande com uma amiga crente e de sua confiança que lhe dirá a verdade por causa do amor que tem por você.

3. Não receba homens casados em locais privados ou de forma muito íntima.

4. Não permita conversas íntimas com homens comprometidos.

5. Se não for possível fazer amizade com a esposa, não faça com o marido. Gostando ou não, os dois são apenas um.

6. Não estimule conversas negativas sobre a esposa. Se ele confessar a você seus problemas matrimoniais, indique a ele um irmão da igreja. Você verá rapidamente o quão interessado ele está em resolver o problema.

7. Lembre-se: o marido infiel à esposa também será infiel a você. Mesmo que consiga conquistá-lo por um tempo, sempre viverá com a pulga atrás da orelha a respeito de sua fidelidade.

8. Concorde com Deus que adultério é um pecado, e muito ofensivo, Àquele que mais a ama. Isso demostra sua falta de confiança na habilidade Dele de lhe prover amor e um companheiro.

9. Permaneça atenta sobre as próprias emoções e não ignore os sinais vermelhos que o Espírito Santo indica a você.

Quer ser feliz e manter-se feliz?
Seja paciente e consiga o próprio marido.

∘ Encontros missionários ∘

"Não se ponham em jugo desigual com descrentes. Pois o que têm em comum a justiça e a maldade? Ou que comunhão pode ter a luz com as trevas?" (2Co 6:14)

Se estivesse namorando alguém que não gosta da sua mãe, ou pai, filho ou filha (caso você os tenha), melhor amiga – que esteve com você na alegria e na tristeza – e não está nem interessado em impressioná-los por você, seria bom continuar um relacionamento com essa pessoa? Então, como manter um relacionamento com quem não tem interesse em Deus? O que dividiria com ele? Se Deus é verdadeiramente uma parte integral da sua vida, isso limitaria suas conversas, pois vocês não teriam muito em comum. Isso seria como mudar-se para a França e não falar francês. Você não teria uma boa estada sem a habilidade de se comunicar. A conversação é a chave para a intimidade. Ela é parte da experiência em "conhecer" totalmente uma pessoa. Se essa troca é limitada, o quão realmente próximos vocês se tornarão?

A verdadeira alegria é encontrada em relacionamentos que a estimulam a buscar maiores patamares em Cristo e um crescimento pessoal cada vez mais intenso. Isso só pode acontecer quando o casal está na mesma página. Caso contrário, vocês terão apenas conflito, distrações, confusões e decepções. Isso é como tentar misturar água e óleo: vira uma bagunça e, no final, cada um vai para o seu lado.

São texturas e densidades diferentes. Não é possível torná-los um.

Certa vez eu observei dois homens fortes e saudáveis ajudando uma senhora idosa a atravessar a rua. Esses dois rapazes, que seguraram seus braços para carregar essa querida senhora, tiveram de caminhar em passos de tartaruga em razão da fraca condição dela. Esse é o problema em segurar pessoas de ritmos incompatíveis. O mais rápido sofrerá com a lentidão do outro. O lento infelizmente é... lento. Não há como fazê-lo ir além do que é capaz.

Então você se casa com um descrente pensando que tudo vai ficar bem. Depois de casada, quer fortalecer seu relacionamento com Deus. Ele não está interessado. Quer ir à igreja, mas ele não. Quer dar o dízimo, e ele jamais concordará! Vocês têm filhos que se sentem confusos, pois têm de ir à igreja, mas o papai não. Enquanto isso, você participa de todas as correntes de oração implorando aos outros que orem pela salvação do seu marido. Existirão incontáveis momentos em que, mesmo casada, haverá uma solidão que tira a alegria de tudo. No fim das contas, eu lhe perguntaria o quão intenso é seu amor por Cristo se a intimidade com um descrente não é desconfortável para você. Você não poderá servir a dois senhores – irá amar um deles e descartar o outro.

A Bíblia nos diz que homens e mulheres arruínam a vida com escolhas tolas e ficam zangados com Deus. Infelizes e frustrados, perguntam-se por que Deus "permitiu" que isso ou aquilo acontecesse. Ele permite que exerça o livre-arbítrio dado a você, mas espera que você O ame, e confie Nele o suficiente para ser obediente à Sua palavra e acreditar que Ele conhece o melhor para você. Assim como um peixe não pode respirar fora d'água, não espere que um homem vá mudar. Encontros missionários não são a resposta, você não poderá salvá-lo. Espere no Senhor e (digo outra vez) espere pelo homem que Ele escolheu para você.

○ Sem compromisso ○

Se você está completamente rendida a Cristo e capaz de manter-se firme em suas convicções, pode ser uma forte influência na vida de um homem descrente. No entanto, isso só funcionará se mantiver seu padrão de santidade intacto. Eu mesma tive vários amigos em minha vida que, a princípio, eram descrentes. Acredito fortemente que Deus coloca certas pessoas em nosso caminho por um propósito, então não os cortei, mas também não os aceitei. Continuei caminhando para Deus, acreditando que ou eles me acompanhariam ou se cansariam da jornada. Eles continuavam por perto até perceberem que eu não iria me comprometer e acabavam se tornando grandes irmãos e ótimos amigos. Todos esses homens foram salvos e dizem que eu sou o catalisador de suas conversões. Essa é sua missão como mulher de Deus, ser uma luz para todos que caminham na escuridão, incluindo os homens.

Também tive várias amigas cujos amigos descrentes recusavam qualquer compromisso. Sua recusa em aceitar menos do que Deus queria lhes dar fez esses homens pularem nos braços de Jesus, de tão determinados que estavam em ganhar o coração dessas senhoritas. Eles concordaram em ser orientados por outros irmãos de Deus e rapidamente acabaram crescendo no Senhor. Eles agora são casais felizes. Novamente, porém: a chave é não comprometer sua caminhada com Deus!

Aviso!

Se você sabe que não é forte, não tente isso em casa. Repito: espere que o Senhor lhe mande um homem do próprio coração.

> Mulheres sofrem com homens,
> pois querem que eles sejam como elas.
> Eles não são.
> Esse sofrimento acabaria se
> nós pudéssemos aprender a ver nossas diferenças
> como desafios para nossa personalidade.

◦ Embarque nessa ◦

"Quero, porém, que entendam que o cabeça de todo homem é Cristo, e o cabeça da mulher é o homem, e o cabeça de Cristo é Deus." (1Co 11:3)

"O homem não deve cobrir a cabeça, visto que ele é imagem e glória de Deus; mas a mulher é glória do homem." (1Co 11:7)

Mais uma razão para esperar por um homem crente. Se um homem é a minha cabeça, com certeza eu quero que ele saiba escutar a Deus, não é? Você não quer apenas um homem que escute a Deus, mas que também O obedeça. Isso tornará sua vida bem mais fácil de várias maneiras. Se ele escuta e obedece a Deus, então a amará e a guiará pelo próprio caminho. Não haverá dificuldades em render-se a ele, pois confia em seu julgamento. E, por se render, ele a amará ainda mais e fará de tudo para agradá-la. Quando ambos estão no lugar certo junto a Deus, isso criará um círculo de amor eterno.

Se você está atualmente enfrentando problemas com a outra palavra que começa com a letra "S" (no caso, *submissão*), precisa esclarecer isso antes de casar-se. Entenda que não há nada de passivo na submissão. É uma decisão ativa da sua parte andar em cooperação com seu parceiro, chefe, pai, pastor, a pessoa que está na sua frente na fila, o sinal de pare... Nós nos submetemos cem vezes por dia a essas situações sem pensar duas vezes e então ficamos malucas quando somos convidadas a nos submeter a um suposto amor. A submissão a coloca em uma posição abençoada, para que chegue aonde quiser na vida e evite colisões desnecessárias. Render-se ao seu marido é render-se a Cristo. Faça como obediência a Sua Palavra, e Ele a abençoará por isso mesmo quando não for notado por seu parceiro.

Uma vez que a submissão estiver presente no casamento, as duas partes florescerão no relacionamento. A mulher ficará feliz e próspera, o que deixará o marido bem. Ela será sua coroa gloriosa, a evidência de seu bom trabalho. Quando o homem está bem, Deus está bem, enquanto o mundo observa esse casal que manifesta a glória de Deus por meio de uma bela parceria. Se encarar a submissão por essa perspectiva, isso se torna muito maior do que dizer apenas: "Sim, querido". Torna-se viver sua vida na glória de Deus.

○ Uma mulher de valor ○

"Uma esposa exemplar; feliz quem a encontrar! É muito mais valiosa que os rubis. Seu marido tem plena confiança nela e nunca lhe falta coisa alguma. Ela só lhe faz o bem, e nunca o mal, todos os dias da sua vida." (Pv 31:10-12)

"Adão deu à sua mulher o nome de Eva, pois ela seria mãe de toda a humanidade." (Gn 3:20)

Nunca subestime o valor de uma mulher e o quanto um homem irá apreciar a mulher que está no seu alvo. É interessante, mas o visual da mulher nunca é mencionado em textos de Provérbios 31, e sim suas qualidades. Ela recebe vários adjetivos: nobre, virtuosa (que significa excelente), valiosa, um porto seguro, organizadora, dona de casa, trabalhadora, profissional de sucesso, gentil, graciosa, generosa, nutridora, inspiradora etc. Depois de exaltar todas as suas virtudes, seu marido a abençoa. Não há dúvidas de quem é o centro do círculo em sua casa. Ela não é uma supermulher, mas é um tesouro aos olhos de sua família.

Apesar do drástico erro de Eva em servir-se do fruto proibido, e o que isso custou para ela e Adão, ele ainda viu seu potencial e escolheu abençoá-la e dar-lhe um nome de honra: "mãe de todas as coisas vivas" ou "doadora da vida". A memória dos bons tempos antes da queda já havia consolidado a imagem de Eva na mente de Adão, fazendo-o amá-la independentemente de sua transgressão. Ela trouxe uma nova vida a este mundo quando chegou. Essa imagem nunca poderia ser mudada apesar das dificuldades que eles viveriam. Ela era sua luz e sua glória e realmente era um presente de Deus para ele.

Como quer que o homem da sua vida a chame? Trabalhe para tornar-se essa mulher e prepare-se para aquele que Deus trará. Cultive seus dons de mulher de dentro para fora. Desenvolva sua sabedoria e graça. A mulher de Provérbios 31 não se tornou incrível da noite para o dia. Ela soube lidar com cada estação da vida dedicando-se por inteiro e entendendo seu propósito em cada momento que vivia. Ela usou cada temporada em benefício de se tornar uma mulher abençoada pela família. Como uma mulher solteira, você tem incríveis oportunidades para fazer o mesmo.

O agora não deve ser triste ou ocioso, mas um tempo de ótimos investimentos para o futuro. Use-o sabiamente, converta-o em alegria, plante sementes de praticidade e espiritualidade em seu jardim e espere por uma rica colheita. Se você se preparar agora, logo também chegará o dia em que será chamada de abençoada pelo homem que ama.

○ Apenas de passagem ○

"Não mais a chamarão abandonada, nem desamparada à sua terra. Você, porém, será chamada Hefizibá, e a sua terra, Beulá, pois o Senhor terá prazer em você, e a sua terra estará casada."
(Is 62:4)

Você tem vagado pelo Deserto da Solteirice, tropeçado pelas Montanhas da Solidão, voltado pelo Vale do Desespero, serpenteado pelo seco Riacho da Esperança e apenas se desgastou nessa jornada. Como encontrar seu caminho de volta para um lugar chamado Felicidade? Basta olhar para cima, e não para a frente. O futuro não é seu para ficar espiando até que o Senhor escolha revelá-lo. Portanto, mantenha seus olhos Naquele que sabe tudo, Aquele que a cobriu com a própria bandeira de amor e deleite.

Você não é menos amada apenas por não estar casada. Esqueça essa mentira. Não foi abandonada; está cercada pelo Maior. Seu *status* não lhe torna quem é, mas como é chamada por Deus. Ele separa seu nome do lugar de onde vive. Você é um espírito que tem uma alma que vive em um corpo. Seu espírito está apenas de passagem pela terra. O corpo passará e então se casará ao ficar diante Dele no céu. Como podemos passar uma vida toda obcecadas por algo temporário?

Você é a satisfação do Senhor. Quanto mais explora sentimentos de felicidade, mais satisfeita se sentirá. A presença e o amor Dele se tornarão tão reais e a preencherão a ponto de, eu me atrevo a dizer, torná-la ambivalente nos assuntos de casamento. "Eu quero ou não?", você se questionará. "Não tenho certeza." Será preciso dar uma pausa no assunto, pois, quando descobrir como essa felicidade e paz realmente são, hesitará em introduzir qualquer coisa em sua vida que tenha o mínimo potencial para estragá-la. Sou testemunha de que se pode realmente oscilar para o outro extremo.

Pessoas me disseram que eu estava feliz *demais* sendo solteira apenas pelo meu próprio bem! No entanto, eu sinto que este é o lugar onde Deus nos quer. Regozijando do fato de que somos Suas amadas e Suas esposas. Satisfeitas com Sua ocupação em nossa propriedade. Pertencemos a alguém de dentro para fora. Nosso *status* natural na terra não tem nada a ver com quem somos! Então, destrua a idealização de casamento. Esqueça. Quando o homem certo aparecer, você poderá realmente ir adiante, pois verá exatamente para onde está indo e será capaz de encontrar seu caminho em segurança e alegria.

◦ O cenário perfeito ◦

Jesus é o Namorado da sua alma,
amando-a de dentro para fora.
O homem em sua vida é
Seu toque final glorioso.

○ Algumas considerações finais sobre a felicidade... ○

"De fato, a piedade com contentamento é grande fonte de lucro." (1Tm 6:6)

15 segredos para experimentar a VERDADEIRA FELICIDADE... mais conhecida como ALEGRIA

1 A felicidade é externa, a alegria é interna e vem diretamente de Deus.

"[...] Não se entristeçam, porque a alegria do SENHOR os fortalecerá." (Ne 8:10)

2 A palavra de Deus preenche nosso coração com alegria. Seguir Sua Palavra nos purifica da culpa e vergonha. Sua clara direção nos guia por um caminho de vida alegre.

"Os preceitos do SENHOR são justos, e dão alegria ao coração. Os mandamentos do Senhor são límpidos, e trazem luz aos olhos." (Sl 19:8)

3 O Espírito Santo nos cerca e mantêm centrados no Reino de Deus – prazer e alegria. Pois estamos no relacionamento certo com Deus, temos a paz que sempre será acompanhada pela alegria.

"Pois o Reino de Deus não é comida nem bebida, mas justiça, paz e alegria no Espírito Santo..." (Rm 14:17)

4 Confiar no Senhor aumenta sua alegria, pois estamos na paz de Deus e nas Suas intenções sobre nós. O Espírito Santo nos encorajará continuamente por tudo que Deus tem guardado para nós.

"Que o Deus da esperança os encha de toda alegria e paz, por sua confiança Nele, para que vocês transbordem de esperança, pelo poder do Espírito Santo." (Rm 15:13)

5 A alegria vem de sentir que você realizou algo ao fim do dia. Em ceifar a colheita. Plantando as sementes de trabalho árduo e labuta de amor dando frutos.

"[...] Pois o Senhor, o seu Deus, os abençoará em toda a sua colheita e em todo o trabalho de suas mãos, e a sua alegria será completa." (Dt 16:15)

6 A alegria vem de saber que seu obediente amor dá prazer a Deus e intimidade com Jesus. Quando Ele se aproxima, nos preenche com Sua alegria.

"Como o Pai me amou, assim eu os amei; permaneçam no meu amor. Se vocês obedecerem aos meus mandamentos, permanecerão no meu amor, assim como tenho obedecido aos mandamentos de meu Pai e em Seu amor permaneço. Tenho lhes dito estas palavras para que a minha alegria esteja em vocês e a alegria de vocês seja completa." (Jo 15:9-11)

7 A alegria vem da prece atendida. O segredo para ter a prece atendida? Ore pela vontade de Deus. O segredo para orar pela vontade Dele? Explore Seu coração, mente e desejo por meio da doce e íntima comunhão.

> "Até agora vocês não pediram nada em meu nome. Peçam e receberão, para que a alegria de vocês seja completa." (Jo 16:24)

8 A alegria vem da fraternidade com outros crentes que têm o mesmo testemunho que você sobre Jesus.

> "Proclamamos o que vimos e ouvimos para que vocês também tenham comunhão conosco. Nossa comunhão é com o Pai e com seu Filho Jesus Cristo. Escrevemos estas coisas para que a nossa alegria seja completa." (1Jo 1:3,4)

9 No meio da incrível presença de Deus há alegria. Todo o resto é diminuído pela luz de tudo aquilo que Ele é – problemas, ausência, vida e suas pressões. Tudo parece estranhamente inconsequente.

> "O esplendor e a majestade estão diante dele; força e alegria na sua habitação." (1Cr 16:27)

10 Quando vemos Deus como Ele é, descobriremos a verdadeira fonte de prazer – Jesus. Quando O vemos, nossa alegria será completa.

> "Tu me farás conhecer a vereda da vida, a alegria plena da Tua presença, eterno prazer à Tua direita." (Sl 16:11)

11 Neste mundo, viveremos tristezas e sofrimentos, mas esses são os pré-requisitos para reconhecer e experimentar a verdadeira alegria. Sem esforços, não há resultados.

> "Aqueles que semeiam com lágrimas, com cantos de alegria colherão." (Sl 126:5)

12 Deus seca nossas lágrimas e as despeja criando rios nos desertos de nosso coração. Enquanto aumentamos nossa voz para adorá-Lo, o caminho da felicidade torna-se mais nítido.

> "Com certeza o Senhor consolará Sião e olhará com compaixão para todas as ruínas dela; Ele tornará seus desertos como o Éden, seus ermos, como o jardim do Senhor. Alegria e contentamento serão achados nela, ações de graças e som de canções." (Is 51:3)

13 Sente-se infeliz agora? Isso também passará. Enquanto espera Nele durante esse período de lamentações, Sua promessa é mantida e você pode esperar que Ele faça como prometido.

> "Mas, quanto a você, ele encherá de riso a sua boca e de brados de alegria os seus lábios." (Jó 8:21)

14 A paz é a precursora da alegria. É um lugar de libertação para celebrar por tudo no seu mundo estar no devido lugar. Não permita que seu coração fique ansioso. O fim também é por Deus. Portanto, seja feliz, Ele resolverá!

> "Deixo a paz a vocês; a minha paz dou a vocês. Não a dou como o mundo a dá. Não se perturbe o seu coração, nem tenham medo." (Jo 14:27)

15 A máxima alegria é saber que você é amada e desposada. É uma simples questão de tempo para manifestar-se. O amor de Deus por você é inegável, não pode ser interrompido nem roubado. Ele sempre lhe será fiel, mesmo quando estiver sem fé. Ele deseja preencher cada um dos seus desejos e torná-la totalmente completa Nele. Comece a agradecer a Deus antecipadamente e louve continuamente pelas bênçãos da felicidade.

> "Assim diz o Senhor: 'Vocês dizem que este lugar está devastado, e ficará sem homens nem animais. Contudo, nas cidades de Judá e nas ruas de Jerusalém, que estão devastadas, desabitadas, sem homens nem animais, mais uma vez se ouvirão as vozes de júbilo e de alegria, do noivo e da noiva, e as vozes daqueles que trazem ofertas de ação de graças para o templo do Senhor, dizendo: 'Deem graças ao Senhor dos Exércitos, pois ele é bom; o seu amor leal dura para sempre'. 'Porque eu mudarei a sorte desta terra como antigamente', declara o Senhor'." (Jr 33:10-11)

Notou, em todas essas considerações, que o homem nunca é a fonte de felicidade? Não é sobre você, nem sobre ele, mas sobre Jesus, seu noivo. Prepare-se para o dia do casamento nas nuvens! Enquanto tem felizes expectativas nas promessas a ser entregues por Ele, por meio da união da Sua palavra e sua fiel obediência, a felicidade virá e atrairá tudo que deseja sem um trabalho árduo. Deus enxugará suas lágrimas e encherá sua boca com gargalhadas contagiosas. Então sua felicidade estará completa, pois você estará feliz de dentro para fora. Essa coisa chamada felicidade pode tornar-se um hábito se for consistente na sua caminhada como uma pessoa solteira. Em breve, outras pessoas notarão uma mudança e não resistirão em perguntar: "Garota, você parece feliz e satisfeita ultimamente. Não está solteira ainda?". E você, por sua vez, dará seu sorriso mais brilhante e dirá: "Oooh, estou tão feliz por me perguntar isso. Eu tenho novidades para você!".

Aaahh, felicidade...
O mundo não pode fornecê-la
e não pode tomá-la.

Agradecimentos

Para todos os encorajadores da minha batalha contra a solteirice: Bunny, Terri, Denise, meus fiéis seguidores. Não teria como deixar ninguém de fora, pois vocês todos sabem quem são. Eu lhes disse isso milhares de vezes! À editora Harvest House: Bob, Carolyn, LaRae, Betty, Barb e a todos que trabalharam assiduamente ao meu lado. Se me tornei algo, foi graças a vocês. Jamais deixarei de valorizar isso. Eu amo vocês e não tenho palavras para agradecê-los. Sou muito feliz por sermos uma família e por eu ter tido a chance de viver e trabalhar em sua casa!

FONTE: Palatino Linotype; Banda; Justfthand
IMPRESSÃO: Paym

#Ágape nas redes sociais

www.agape.com.br